COLECCIÓN POPULAR

576

LA MEMORIA DEL ALUMNO
EN 50 PREGUNTAS

Traducción de
Víctor Goldstein

Alain Lieury

La memoria del alumno en 50 preguntas

FONDO DE CULTURA ECONÓMICA

MÉXICO - ARGENTINA - BRASIL - CHILE - COLOMBIA
ESPAÑA ESTADOS UNIDOS - PERÚ - VENEZUELA

Primera edición, 2000

Título original:
La memoire de l'élève en cinquante questions
© Dunod, París, 1998
ISBN de la edición original: 2-10-003807-9

D. R. 1999, FONDO DE CULTURA ECONÓMICA
DE ARGENTINA, S. A.
El Salvador 5665, 1414 Buenos Aires
Av. Picacho Ajusco 227, 14200 México D. F.

ISBN: 950-557-341-3

Fotocopiar libros está penado por la ley. Prohibida su reproducción total o parcial por cualquier medio de impresión o digital en forma idéntica, extractada o modificada, en castellano o en cualquier otro idioma, sin autorización expresa de la editorial.

Hecho el depósito que marca la ley 11.723
IMPRESO EN LA ARGENTINA - *PRINTED IN ARGENTINA*

Introducción

Luego de algunos siglos de desinterés, la memoria vuelve a ocupar el primer plano y reconquista los títulos de nobleza con que había sido engalanada en la Antigüedad, sobre todo entre los griegos de Ulises y Penélope, que la habían convertido en una diosa. Este renacimiento no se debe realmente al interés por el alumno sino que proviene, para los medios, de la gran importancia de la memoria para la medicina, particularmente respecto del envejecimiento. Por ello, nos damos cuenta, tal vez un poco tarde –como en la historia de la zorra y el cuervo–, que es mucho más importante de lo que se cree, que realmente se necesita una memoria para registrar las palabras del vocabulario y las imágenes de nuestro universo mental y que la memoria (aunque eso no estaría tan mal) no sólo sirve para almacenar nuestros recuerdos personales. El hecho de que las neurociencias se interesen en la memoria y que los laboratorios farmacéuticos gasten millones o miles de millones en medicamentos para la memoria es algo serio y que condujo a la realización de algunos hermosos programas de televisión sobre este tema. Aunque la memoria del alumno no se encuentre en el origen de este entusiasmo, las secuelas sobre la educación empiezan a ser importantes, y legítimamente los padres se formulan preguntas sobre la memoria de sus hijos en la escuela: ¿La memoria es fotográfica? ¿Cómo explicar el agujero negro? ¿Es elástica la memoria? ¿Cómo explicar el olvido?

No obstante, resulta difícil que los padres se formen una opinión sobre la memoria, frente a las propagandas que ponderan el mérito de los métodos que garantizan resultados fabulosos o a los libros escritos por no especialistas, invitados sin embargo en programas literarios prestigiosos, y que visiblemente se han contentado con digerir una docena de libros sobre el tema antes de hacer lo mismo los años siguientes sobre la cuestión del dolor o de los regímenes. A la inversa, como lo observaba el autor de *L'intelligence des bébés*,[1] los padres no pueden acceder a obras o artículos especializados donde los métodos y las teorías son tan detallados que es fácil perderse. Aquí el objetivo es, según el ejemplo de excelentes revistas de divulgación, presentar el tema en la forma más sencilla posible, suprimiendo los detalles o palabras técnicas que no sean necesarios. Con este objeto se han

[1] R. Lécuyer, *L'intelligence des bébés en 40 questions*, Dunod, 1996.

omitido gráficos y cuadros, pues, como le decía un editor a un físico famoso, una ecuación disminuye las ventas a la mitad.[2]

Pero la idea original de estas obras es responder directamente a ciertas preguntas y se trata de una muy buena idea, ya que en efecto, de esta manera, los padres en privado o al final de una conferencia, igual que los periodistas, proceden más naturalmente. A partir de mi experiencia de conferencista y docente, pues, hice una lista de cincuenta preguntas que, a mi juicio, reúnen la mayoría de los interrogantes y que constituyen cada uno de los cincuenta capítulos de este libro. Se trata esencialmente de los puntos que interesan a los padres respecto de la memoria del alumno, niño o adolescente, y no toco los aspectos referentes al envejecimiento o a las enfermedades de la memoria, salvo cuando tales estudios permitieron derivaciones sobre la memoria en general. Aunque este libro fue redactado con el espíritu de hacer un comentario específico para cada pregunta, algunos puntos requieren un desarrollo que abarca varios capítulos; bastará entonces con leer uno o dos capítulos precedentes para encontrar el camino.

Y me olvidé de una pregunta: ¿Tiene buena memoria el elefante? Sí, y el elefante de Asia

---

[2] S. Hawking, *Une brève histoire de temps* (página 1, agradecimientos), Flammarion, 1991.

puede responder a una veintena de órdenes, pero esto es poco comparado con la memoria de un niño, que, al terminar el colegio, ¡tiene una cantidad mil veces mayor de palabras en su memoria!

1. ¿De dónde viene la palabra "memoria"?

Érase una vez una diosa griega que se llamaba Mnemósine. Esta diosa, bella como Naomi Campbell, fue seducida por Zeus –éste sí que era un buen picaflor, que hasta llegaba, como nos lo enseñaron en la escuela, a transformarse en vaca para seducir a las lindas griegas–. Según la leyenda, que nos viene del siglo V antes de nuestra era, Mnemósine distraía a Zeus y a los dioses cantando canciones de moda y contando los chismecitos del Olimpo. A tal punto que los griegos la convirtieron en la diosa de la memoria. Y de esta palabra nos vienen adjetivos tales como "mnémico", "mnemotécnico", términos como el de "amnesia", que significa "estar privado de memoria" y, con un pequeño *lifting*, la palabra "memoria" fue engendrada así.

Según esta encantadora leyenda, de las nueve noches en que Mnemósine se unió a Zeus nacieron nueve niñitas, cada una de las cuales presidía un campo del conocimiento. Son las famosas musas. Clío es la diosa de la historia, Euterpe, la de la música, Terpsícore, la de la danza, Urania es la musa de la ciencia, Talía, la de la comedia, y Melpómene, la de la tragedia, mientras que Erato es la diosa de la poesía, Polimnia, la musa de la oda, y Calíope, la de la poesía épica; vale decir, las túnicas de la época...

2. ¿De cuándo data el primer método de la memoria?

El primer método fue inventado por un poeta griego llamado Simónides de Ceos, quien vivió algo parecido a una película catástrofe, o, en pocas palabras, una aventura dramática. El relato nos es narrado de manera un poco legendaria por unos letrados romanos: Cicerón, que vivía en la época de Julio César, y Quintiliano (siglo I a.C.). Éstos apoyan su historia en libros griegos irremediablemente perdidos, particularmente aquellos que fueron quemados durante invasiones bárbaras. Ese año, cinco antes de nuestra era, un atleta que había ganado el premio de pugilato –tal vez Escopas de Tesalia– pide a Simónides que pondere su fuerza escribiendo un poema. Éste pone manos a la obra pero se pierde en digresiones sobre los semidioses Cástor y Pólux, de tal modo que el pugilista sólo le paga la mitad del precio convenido. Según la leyenda, los semidioses le habrían pagado su deuda ya que, de noche, todo el mundo se reúne alrededor de un gran festín en una quinta, que algunos ubican en Farsala, como lo da a entender

Simónides. En el transcurso del banquete, un servidor se aproxima a él y le informa que dos jinetes montados en dos bellos caballos blancos lo llaman (todo el mundo habrá reconocido a Cástor y Pólux). Pero no bien sale Simónides, el techo de la quinta se desploma aplastando de tal modo a los comensales que quedan irreconocibles e imposibles de identificar. Las familias se vuelven entonces hacia el único sobreviviente, que recupera de memoria el emplazamiento de los comensales. Esta observación lo condujo a imaginar un método de memoria que consistía en memorizar una lista de objetos (o de personajes) en forma de imágenes mentales y a ubicar cada imagen según los emplazamientos de un itinerario bien conocido, por ejemplo los lugares de una quinta, los tenderetes de una calle, etcétera.

¿Tiene un fundamento histórico la leyenda? Nadie lo sabe, y Quintiliano cree más bien que es un cuento, pero saca esta historia de varios autores griegos, entre los cuales se encuentra el famoso sabio Eratóstenes, que ya había descubierto que la tierra era redonda y había calculado su circunferencia. Incluso, una tableta de mármol fue encontrada en la isla de Paros, que cita fechas de descubrimientos, entre ellos el método de la memoria de Simónides. Cuento o historia deformada por los siglos, el método de los lugares tuvo un éxito real, puesto que los letrados romanos lo citan en el capítulo sobre la memoria de su libro. Por otra parte, con diferentes transformaciones, el método atravesará los siglos y se lo encuentra aún en obras de mnemotecnia del siglo XVIII. Sin embargo, el decorado cambia y, con el correr de las épocas, los lugares se convierten en partes de una abadía, de una torre feudal, de emplazamientos del paraíso, las alas de un ángel o gárgolas.

Recientemente reestudiado, el método de los lugares es realmente eficaz, como lo han demostrado diferentes investigadores. Por ejemplo, se dibuja en el pizarrón una calle ficticia con tiendas –florería, farmacia, panadería–, y los sujetos deben imaginar una relación entre la tienda y palabras de una lista que se les dicta. Por ejemplo, supongamos que la primera palabra sea "paraguas": puede imaginarse que el paraguas es un ramo de flores gigante; si la segunda palabra es "naranja", puede imaginarse un pote de píldoras en forma de naranja, etcétera. En el momento de la evocación, basta con rehacer las tiendas una por una para recuperar el orden de las palabras de la lista. Los sujetos de un grupo de control (es decir, sin método), que debían aprender la misma lista de palabras en orden, tienen un rendimiento mucho menor, hasta cinco veces menos de palabras recordadas en orden. Sin embargo, en nuestros días, el método de los lugares está muy en desuso porque tenemos agendas, pequeños memos para aliviar nuestra memoria. Pero hay que recordar que, en su gran mayoría, la gente de la Antigüedad hasta el Renacimiento no sabía leer ni escribir, lo cual explica el éxito del método de Simónides.

3. ¿Qué se pensaba antiguamente de la memoria?

La encantadora leyenda de Mnemósine y de sus hijas, las musas, nos enseña que los griegos tenían un alto concepto de la memoria como sinónimo de conocimiento, y no reducida al sentido de memoria como capacidad retentiva,* como fue la reputación que luego adquirió. Aristóteles, el sabio y filósofo más grande de la Antigüedad, quien dedica un tratado a la memoria, ya había observado mecanismos interesantes como las asociaciones de ideas, que sirvieron de base a los filósofos ingleses llamados "asociacionistas", y luego, a una corriente de psicología científica norteamericana entre los años 1920 y 1940. Como hemos visto, grandes letrados como Cicerón y Quintiliano dedican a la memoria un capítulo de su libro sobre el arte de

* *au sens de mémoire "par cœur"*, en el original. La expresión *par cœur*, utilizada en frases como *apprendre par cœur*, significa "(aprender) de memoria". En esta ocasión la traduciré como "capacidad retentiva", para marcar en cierto modo su diferencia con el aprendizaje meditado, razonado. Al respecto, véase también el final de este capítulo. (N. del T.)

hacer discursos. Pero el autor de la Antigüedad que más escribió sobre ella –una docena de capítulos en el conjunto de sus *Confesiones*– es San Agustín.

Sintiendo cercana su muerte, este noble anciano contempla los fuegos del campo de los vándalos desde lo alto de las murallas de Hipona. Ese jinete a lo lejos, ¿será Genserico pasando revista a sus tropas? Su correspondencia con los obispos del mundo romano le había advertido poco tiempo antes que Roma y el gobernador de África habían empujado a Valia, el rey de los visigodos, a atacar a los vándalos. Éstos refluyeron hacia España y luego al norte de África, y ya estaban ahí. ¿Por qué saquean todo a su paso? Las bibliotecas arden tras ellos; habrá que ocultar los manuscritos más preciosos: Homero, Aristóteles, Cicerón. El fin está cercano, y San Agustín, obispo de esa ciudad transformada en ciudadela, rememora en ese instante una de sus *Confesiones*:

> ¡Grande es el poder de la memoria! Hay un no sé qué de espantoso, oh Dios mío, en su profunda e infinita multiplicidad. Y eso es el espíritu; ¡y eso es yo mismo! ¿Qué soy, pues, oh Dios mío? ¿Cuál es mi naturaleza? Una vida variada, que reviste mil formas y es inmensa, asombrosa. Ved cuánto hay en mi memoria: campos, antros, cavernas innumerables, todo eso lleno hasta el infinito de toda suerte de cosas, también innumerables. Yo recorro en todos los sentidos ese

mundo interior, vuelo por aquí y por allá, penetro en ella tan lejos como me resulta posible sin encontrar límites. ¡Así como grande es la fuerza de la memoria, así de grande es la fuerza de la vida en el hombre, ese vivo condenado a morir!

San Agustín nació en el 354 de nuestra era y murió en el 430, durante el sitio de Hipona (actualmente, ruinas de los alrededores de Annaba en Argelia) por los vándalos. Esta circunstancia es importante, ya que fueron los vándalos, bajo la dirección de Alarico, los que saquearon Roma y fueron los responsables de la destrucción de las bibliotecas. San Agustín, obispo, letrado y hombre que tenía acceso a las bibliotecas, era pues la última memoria viva de todo cuanto la Antigüedad conocía sobre la memoria. Basada en fuentes romanas y griegas hoy desconocidas y en una profunda reflexión personal, su concepción es sorprendentemente rica para la época y ocupa varios capítulos de sus *Confesiones*. Luego de las invasiones bárbaras sobreviene la desolación durante cerca de mil años. El texto de Quintiliano sólo es descubierto en 1416. Para representarse esos mil años, esos diez siglos que constituyen la Edad Media, habría que imaginarse, como en *El planeta de los simios* de Pierre Boulle, que un cataclismo nuclear destruye una gran parte de la civilización. Sólo en el año 3000 los hombres recuperarían textos de otra antigüedad, de Molière a Agatha Christie.

Así, durante la Edad Media, los letrados se basan sobre todo en las fuentes orales, y cuando Carlomagno pregunta a su consejero Alcuino: "¿Qué vas a decirme ahora de la memoria, que yo creo que es la parte más noble de la retórica?", Alcuino responde: "La memoria es la sala del tesoro de todas las cosas, y si no se la convierte en la guardiana de cuanto se ha pensado sobre las cosas y las palabras, sabemos que todos los otros dones del orador, por excelentes que puedan ser, serán reducidos a nada".[3]

Cierto desinterés por la memoria provendrá del gran Descartes, quien, al atacar a un charlatán famoso en su época, sostiene que la memoria no sirve para nada, y que únicamente la razón es la que permite deducir todos los conocimientos. De esta filosofía nacerá la idea de una memoria necia frente a una inteligencia noble basada en el razonamiento. Pero las investigaciones recientes, tanto en psicología científica como en las neurociencias o la inteligencia artificial, vuelven a mostrar la extraordinaria riqueza de la memoria, uniéndose así con la intuición de la Grecia antigua.

---

[3] F. Yates, *L'art de la mémoire*, Gallimard, 1975.

4. ¿Cómo se estudia la memoria?

El primer estudio científico de la memoria data de 1885 y se debe al alemán Herman Ebbinghaus, quien aprendía él mismo poemas y listas de sílabas y medía el tiempo que tardaba en aprender y luego en volver a aprender en plazos variados, de una hora a un mes. A él se le debe la primera medida del olvido, que crece muy rápidamente ya que el recuerdo es del 60% al cabo de veinte minutos y cae al 20% al cabo de un mes.

En los métodos modernos se utilizan técnicas extremadamente variadas, que van desde medir la cantidad de ensayos para aprender una lista a medir del tiempo de reacción para responder a preguntas que aparecen en una computadora. También pueden utilizarse todos los recursos de la tecnología moderna para presentar palabras ya sea de manera visual o auditiva, o para compararlas con imágenes o incluso hacer memorizar rostros. Con los progresos conjuntos del estudio del lenguaje se analizan cada vez mejor las palabras que se hacen aprender en el plano fonológico o incluso largos textos o documentales. Por último, se han publicado diferentes mecanismos que comparan los resultados de diversos sujetos, desde niños hasta personas adultas, pasando por jóvenes de veinte años. Juntamente con los neurólogos, el estudio de los rendimientos mnémicos de los sujetos que tienen diversas patologías aporta una preciosa información sobre los mecanismos de la memoria, que, una vez conocidos, permiten construir pruebas para examinar los medicamentos. Asimismo, el estudio de las memorias prodigiosas o profesionales, como la de los jugadores de ajedrez, permite aportar un esclarecimiento o completar el conocimiento que se tiene de la memoria. Resultaría inútil hacer una relación más detallada, ya que con el correr de los capítulos descubrirán algunas de estas técnicas sin entrar en detalles que son objeto de otras obras.

5. ¿Siempre son verídicos los recuerdos?

A menudo se tiende a confiar en los propios recuerdos, pero los problemas comienzan cuando se evocan, ya sea en pareja o entre amigos, recuerdos referentes a acontecimientos que todo el mundo ha vivido; con mucha frecuencia, las opiniones divergen. Y cuando se trata de niños, a todas luces la cosa no mejora, contrariamente a lo que reza el adagio: "Los niños nunca mienten".

A iniciativa de una investigadora norteamericana, Elizabeth Loftus, se hicieron numerosos estudios para tratar de comprender el origen de los recuerdos falsos puestos en primer plano debido a procesos resonantes. Así, varios casos saltaron con frecuencia a las páginas de los periódicos. Beth Rutherford, en Misuri, recuerda haber sido violada por su padre pastor, y afirma que él la había embarazado dos veces. Pero cuando éste tuvo que dimitir de su cargo bajo el peso de las acusaciones, los exámenes médicos revelaron que la joven jamás había estado encinta, ya que aún era virgen. Así, Elizabeth Loftus describe muchos casos de pacientes cuyos falsos recuerdos pusieron a inocentes bajo acusación. Por ejemplo, también, el de una joven enfermera convencida bajo hipnosis por su terapeuta de que había sido reclutada en una secta satánica que la indujo a comer bebés.

Esta investigadora había mostrado ya que los recuerdos podían ser ampliamente deformados por acontecimientos más tardíos, y sobre todo por preguntas ulteriores. Así, el procedimiento implicaba mostrar diapositivas que relatan un accidente de tránsito, donde aparece un auto verde que atropella a un ciclista para evitar un camión. Si se hacen preguntas del tipo: "¿Por qué el auto azul atropelló al ciclista?" y más tarde se pregunta el color del auto, varios "testigos" dirán que era azul, cuando lo cierto es que era verde. Una de las razones de esos falsos recuerdos es que no tenemos una memoria fotográfica, y que los recuerdos son construidos a partir de elementos imaginados y sobre todo de elementos verbales que a su vez pueden transformarse en imagen; esta construcción evoluciona con el correr del tiempo y puede transformarse reconstituyendo elementos faltantes en función de una lógica más apropiada de la historia, o aglomerando elementos que provienen de otros acontecimientos, como en preguntas formuladas por un investigador o un terapeuta.

Así, otros investigadores presentaron a los sujetos historias referentes a su infancia y narradas por sus padres; pero a esos acontecimientos reales se les añadían otros falsos, como por ejemplo la llegada de un payaso para el cumpleaños. Durante una primera entrevista, ningún sujeto recuerda ese acontecimiento sobreañadido más tarde, pero durante una segunda entrevista el 20% de los sujetos recuerdan tal circunstancia y agregan detalles, cuando en realidad se trata de un falso recuerdo. Por último, otras experiencias muestran que si se pide que imaginen la (falsa) escena sobreañadida, la impresión de certidumbre aumenta todavía más. Sin embargo, los padres tienden a narrar acontecimientos a los niños y es posible que en una buena cantidad de recuerdos más bien tengamos la memoria de nuestros padres que verdaderos recuerdos de nuestra infancia.

6. ¿La memoria de los niños es la mejor?

La mayoría de la gente piensa que la memoria de los niños es mejor que la de los adultos, y las observaciones que avalan esta idea son múltiples. Por ejemplo, una madre de familia cuenta que su hija de diez años la derrotó absolutamente en un juego de memoria que consistía en descubrir pares de cartas iguales (dos jirafas o dos bolos...), u otro padre declara que no logra alcanzar la rapidez de su hijo en un juego de vídeo de carrera de autos. Tales observaciones de la vida cotidiana son ciertas, pero se olvida un factor decisivo: el entrenamiento. El niño se pasa una gran cantidad de horas con sus juegos favoritos, a veces varias horas por día, y la repetición, o en otras palabras el entrenamiento, es uno de los mecanismos más fundamentales del aprendizaje y la memoria. Debido a que en la vida cotidiana se mezclan varios mecanismos no controlados –especialmente el grado de entrenamiento previo–, las experiencias de laboratorio o la escuela tienen por objeto, tanto en psicología como en otras ciencias, controlar los diferentes factores para no producir errores de interpretación (o la menor cantidad posible de ellos).

Así, en el juego de memoria que consiste en recordar la figura (jirafa o elefante) que lleva la carta dada vuelta, el niño, superentrenado, aprendió durante partidas anteriores que la carta un poco doblada en la esquina superior izquierda es la jirafa y que esa otra que se ufana de estar engalanada con una hermosa huella de pulgar con mermelada de frutillas es el elefante. La superioridad de los niños en los juegos de vídeo es un poco más complicada. En el plano de la memoria, como vamos a ver, nada indica que el niño es superior al adulto, y, de igual modo que en las experiencias de laboratorio, se observará que los mejores en los juegos de vídeo son los adolescentes y adultos jóvenes y no los pequeños; por lo demás, algunos constructores de juegos de vídeo tienen un servidor telefónico para echar una mano a los jugadores y esos expertos son adultos jóvenes, y no niños.

En efecto, todas las experiencias de laboratorio o en la escuela, desde hace un siglo, muestran que cuanto más grande es un niño, mejor es su memoria, y los resultados más importantes los obtienen los adolescentes y adultos jóvenes de entre quince y veinticinco años. Por ejemplo, una experiencia llevada a cabo en la escuela sobre la memoria con menús del comedor escolar muestra que el viernes los adolescentes recuerdan con una media del 25% el menú del lunes, mientras que los niños de seis a ocho años no recuerdan nada de nada. La capacidad de memorización de cosas nuevas disminuye luego de manera progresiva con el envejecimiento; sin embargo, salvo casos patológicos, la baja de la memoria sólo produce molestias en edades avanzadas, sesenta a setenta años. Que las capacidades de aprendizaje aumenten primero y disminuyan luego con la edad se explica por el hecho de que la memoria no es simple, sino que reposa en varios sistemas. Así, la capacidad de registrar cosas nuevas, palabras o imágenes, requiere una estructura del cerebro que se llama hipocampo y que se torna frágil con la edad y con la repetición de acontecimientos negativos (estrés, alcohol, etcétera); y uno aprende menos cuando su edad es avanzada precisamente porque el hipocampo ya no funciona tan bien. A la inversa, los conocimientos son registrados en otra parte del cerebro que contiene miles de millones de neuronas (y por lo tanto, no es tan frágil), el córtex. Aquí, el funcionamiento es inverso, pues cuanto más joven se es, menos conocimientos se tienen. Por ejemplo, la cantidad de palabras aprendidas por el niño es de algunas docenas a partir del primer año y trepa a alturas vertiginosas, llegando hasta seis mil al final de la escuela primaria y hasta veinticinco mil al final de la secundaria. Estos conocimientos no disminuyen y pueden aumentar con la edad, de manera que entonces el tiempo brinda la posibilidad de cultivarse.

7. ¿A cuándo se remontan los primeros recuerdos?

En promedio, los recuerdos más antiguos de los adultos (incluidos los jóvenes), cuando es posible verificarlos, datan de entre los tres y los cuatro años. Freud pensaba que esta pérdida de la memoria se debía a una represión de la sexualidad infantil, pero esta teoría ya no es admitida por la mayoría de los investigadores, que en este fenómeno ven un resultado de la construcción de la memoria.

En efecto, cuando se observa la memoria día a día, los niños pueden recordar una visita al zoológico, o compras en el supermercado cuando son pequeños; muy tempranamente reconocen a sus padres e incluso a su madre cuarenta y ocho horas después del nacimiento.[4] Progresivamente, los niños reconocen a los miembros de la familia, los lugares que los rodean, las habitaciones de la casa, las casas de la familia o de los amigos, las tiendas, los programas de televisión, los anima-

---

[4] R. Lécuyer, *L'intelligence des bébés en 40 questions*, Dunod, 1996.

les familiares y lo que con demasiada frecuencia se olvida, las palabras del lenguaje, que hay que memorizar bien para reconocerlas y emplearlas.

¿Por qué entonces un niñito recordará al día siguiente que hizo las compras en el supermercado y no lo recordará cuando se haga adulto? Este fenómeno se debe a un aspecto de la memoria llamado "memoria episódica". Cada vez que se aprende algo, por ejemplo cuando se ve un tiburón en un documental televisado, cuando se oye una palabra en una conversación o se la lee en una revista, cada acontecimiento está grabado en la memoria de una manera individualizada, como un episodio. La palabra "episodio" fue escogida por un investigador canadiense, sin duda en referencia a las series televisivas. Cada episodio pone en escena a los mismos (o casi los mismos) protagonistas, pero también difiere de otro por una combinación particular; sin embargo, tras cierta cantidad de episodios, nuestra memoria los fusiona y uno recuerda caracteres generales de los personajes y los lugares, por ejemplo de John Steed y Emma Peel en la serie *Los Vengadores*, sin acordarse con precisión de tal o cual episodio. Por otra parte, durante una entrevista televisada,[5] la actriz Diana Rigg, que representa a Emma, se sintió en un aprieto cuan-

---

[5] Entrevista a Diana Rigg, programa *Continentales*, FR3 del 11 de agosto de 1992.

do el periodista le preguntó: "¿Cuál es su episodio preferido?". "Hace mucho que no los veo. Para mí es como si estuvieran fundidos en un episodio único. Entre los más antiguos me acuerdo bien de los 'cibernautas'. Era uno de los primeros y estaba nerviosa, por eso me acuerdo. Para los demás, debemos tener en cuenta que hacíamos un episodio cada diez días, y hasta los guiones eran perfectos. Obedecían a un patrón, por lo que resulta difícil destacar un episodio específico", respondió.

La vida es un gran folletín, y nuestra memoria fusiona los episodios para extraer esas abstracciones genéricas que son las palabras, las caras de nuestro prójimo, los lugares que nos son familiares. Así, se observa en el laboratorio que cuanto más familiares son las palabras, como "barco" y "avión", tanto más difíciles de reconocer resultan tras haberlas aprendido en una lista con trampas; a la inversa, las palabras raras, como "sextante" u "ornitorrinco", son reconocidas mejor. La razón de esto es que cada vez que hemos tropezado (visto, leído, etcétera) con la palabra "barco", un nuevo episodio se registró en nuestra memoria, y en nuestra memoria de adulto existen decenas de miles de éstos; si se aprende esa palabra en una lista de laboratorio, pues, un nuevo episodio queda registrado junto con la cara del experimentador, el local del laboratorio, etcétera, y recordar esa palabra, de hecho, equivale a recordar que dicha palabra (que ya se conocía) se hallaba en tal lista; para la memoria, se trata de identificar ese episodio particular: "La palabra 'barco' en el contexto del laboratorio" entre miles de episodios. Por eso es muy difícil reconocer palabras familiares, mientras que la palabra rara "ornitorrinco" será más fácilmente detectable entre un número más pequeño de episodios en la memoria. Este mecanismo de la memoria episódica explica a las claras el olvido de los acontecimientos repetitivos de la vida corriente, como los de cerrar la puerta con llave, apagar la luz, etcétera, pues son muy frecuentes, y sus episodios se mezclan fácilmente entre sí en la memoria, como en el caso de la actriz de *Los Vengadores*.

En el niño, cada episodio de la vida, la cara de sus padres, los mandados en las tiendas, los juegos en su cuarto van a mezclarse de tal manera que ya no habrá más que un recuerdo genérico como el rostro de sus padres y las imágenes de los objetos familiares, mesa, silla, etcétera, que no se tiene la costumbre de llamar recuerdos de infancia y que sin embargo son las primeras bases de nuestra memoria.

8. ¿Es cierto que los primeros recuerdos están ligados a las emociones?

La fusión de los episodios se encuentra al mismo tiempo en la base de la construcción de nuestros primeros saberes, pero la otra cara de la moneda, lo acabamos de ver, es el olvido. Ésta es una de las razones por las cuales es cierto que los primeros recuerdos (en el sentido corriente del término) que nos quedan de nuestra infancia están ligados en general con emociones fuertes, como la alegría, pero con mayor frecuencia todavía están marcados por emociones negativas, como un miedo intenso o la vergüenza. Por un lado, el episodio acompañado por una emoción fuerte se destaca más de los otros episodios; ésta es la razón por la cual uno recuerda mejor las primeras veces: primer amor, la entrega de un premio o una medalla por un acontecimiento deportivo, una obra de teatro, un viaje al extranjero. Pero otro mecanismo, esta vez biológico, también explica el efecto de las emociones. En el cerebro, cerca del hipocampo que permite el registro de las cosas nuevas, se encuentra otra estructura, la amígdala (no debe confundirse con las amígdalas que están en la boca). La amígdala tiene la función de decir al cerebro si el acontecimiento es bueno (positivo) o malo (negativo). Cuando el acontecimiento suscita una emoción fuerte (como la ira o el miedo), moléculas especiales son enviadas al hipocampo, que registra mejor. Así, experiencias realizadas sobre animales de laboratorio (ratones, ratas) muestran que los aprendizajes asociados a impactos eléctricos dolorosos son más rápidos que los aprendizajes positivos (alimentos), y la memoria también es más duradera. Algunos investigadores piensan incluso que los acontecimientos traumáticos jamás se olvidan, y la observación común les da la razón; por ejemplo, las personas que fueron traumatizadas por un accidente grave o por haberse encontrado próximos a una explosión (guerra, terrorismo, etcétera) tienen precisamente como problema mayor el no poder olvidar dichos acontecimientos traumáticos. Por lo demás, debe observarse que la mejor memorización que resulta de esto es muy grosera; la persona recordará un ruido ensordecedor y gritos múltiples, pero en general la memoria de detalle es mala.

Así, más que una fórmula de Matemáticas o un mapa de Geografía, los alumnos recordarán durante toda su existencia episodios traumáticos de su vida escolar. Antes, éstos eran malos tratos corporales, reglazo de hierro sobre los dedos, quedarse de rodillas sobre una regla, etcétera, pero en nuestros días una humillación puede ser igualmente traumática, y uno de los principios pedagógicos de base es evitar las emociones negativas fuertes en la educación, tanto familiar como escolar. El reglazo en los dedos no permitirá un mejor aprendizaje de la tabla de multiplicar, pero grabará para siempre el recuerdo del maestro que lo propinó.

9. ¿Se retienen mejor las cosas que nos gustan?

Sí, se retienen mejor las cosas que nos gustan por dos razones principales, la emoción y el interés. Como acabamos de verlo en la pregunta anterior, los acontecimientos ligados a emociones son retenidos mejor, y esto es cierto con las emociones positivas, aunque con menor fuerza para las negativas, es decir, los traumatismos. Por lo tanto, es preferible que la tarea de aprender se realice en un clima positivo, de amabilidad y benevolencia, sin que sea necesario otorgar recompensas sistemáticamente, pues entonces el niño o el alumno ya no se interesará en la actividad salvo por la recompensa.[6]

La segunda razón es el interés, y éste concierne al conocimiento. El interés es la atracción por un tema, y las investigaciones revelan que uno se interesa más por lo que ya conoce. Por ejemplo, una experiencia mostró que, de una lista de juguetes, las chicas recuerdan más los

---

[6] Véase A. Lieury y F. Fenouillet, *Motivation et réussite scolaire*, Dunod, 1996.

juguetes de niñas y, simétricamente, los chicos se acuerdan mejor de los juguetes de niños. Del mismo modo, los estudiantes evocan una mayor cantidad de informaciones referentes a documentales vinculados con su especialidad. De una manera general, el interés es la impresión de conocer bien un tema. El interés depende también del sentimiento de libertad (o autodeterminación), y uno siente una mayor preferencia por la actividad que fue escogida libremente. Los alumnos aprenden con más facilidad las publicidades o el nombre de sus cantantes preferidos que los cursos en la escuela o el colegio. Del mismo modo, se pasarán horas en sus juegos de vídeo, en ocasiones más complejos que una lección de Historia.

10. ¿Es cierto que saber andar en bicicleta no se olvida jamás?

Es cierto que, en cuanto a lo esencial, los aprendizajes sensorio-motrices, como andar en bicicleta, nadar o conducir, jamás se olvidan, pues dependen de un sistema de memoria diferente del que se ocupa de los conocimientos, palabras o imágenes. Este descubrimiento proviene del estudio de jóvenes enfermos con lesiones del hipocampo (heridas de guerra, por ejemplo). Como lo hemos visto, el hipocampo es necesario para el registro de todas las informaciones nuevas del conocimiento, palabras, imágenes, rostros. Estos enfermos, privados de su hipocampo, pues, son amnésicos y no recuerdan el contenido del diario leído una hora antes, o de personas que vinieron a visitarlos. Sin embargo, tales pacientes conservan los recuerdos anteriores a su herida o enfermedad. Algunos investigadores descubrieron que estos pacientes, sin embargo, podían memorizar aprendizajes motrices, pero sin darse cuenta de ello. Por lo tanto, se hizo una distinción entre dos grandes sistemas de memoria, la memoria declarativa, que es la memoria consciente de las palabras, imágenes y rostros, y la referida al procedimiento, que concierne a la memoria de las costumbres motrices. Andar en bicicleta, conducir un auto, nadar, pues, forman parte de esta memoria de procedimiento, que es posibilitada por otros sistemas del cerebro (cuerpos estriados) y sobre todo el cerebelo, que sería la sede de los automatismos; esos automatismos, bien consolidados por miles de repeticiones, son muy sólidos y casi no se olvidan.

En un capítulo anterior vimos que el niño no aprende mejor que el adolescente o el adulto. Como lo he mostrado, esto es cierto por lo que respecta a la memoria declarativa, pero tal vez (y digo tal vez porque se trata de un tema de estudio muy nuevo todavía, que no se conoce por completo) el niño realiza adquisiciones más rápidas. Es una observación corriente, por ejemplo, que los niños, más que los adultos, aprenden mejor el acento de una lengua extranjera cuando se hallan en un país extranjero; la articulación, sin duda, es un caso de memoria de procedimiento, mientras que el vocabulario depende de la memoria declarativa.

No obstante, no hay que exagerar, y si bien no se olvida cómo andar en bicicleta o nadar, el desempeño baja francamente con la falta de entrenamiento, como puede percibirse con aprendizajes más sofisticados, como tocar el piano.

11. ¿Es cierto que se aprende mejor durmiendo?

¡Falso! Sin embargo, aprender durmiendo produjo cierto entusiasmo en una época y fue propuesto como "falso" método pedagógico bajo el nombre de "hipnopedia" (de *hipno*, que en griego significa "sueño", y *pedia*, que tiene que ver con la escuela). Las experiencias demostraron que una lista de cifras difundida a durmientes no deja ningún recuerdo al despertar. Muy por el contrario, se aprende mucho mejor cuando uno está bien despierto. Con el nombre de "cronopsicología", las investigaciones se refieren a la variación del rendimiento en función de los momentos de la jornada, siendo el de la siesta, como todos saben, el peor momento para aprender.[7]

En cambio, el sueño es bueno para consolidar los aprendizajes de la jornada. Las experiencias realizadas sobre diferentes animales revelan que durante ciertos períodos del sueño,

---

[7] Véase Boujon y Quaireau, *Attention et réussite scolaire*, Dunod, 1997.

donde el cerebro está completamente cerrado a las informaciones provenientes del exterior, existe una fuerte actividad del cerebro que permite mecanismos bioquímicos y biológicos que consolidan los recuerdos: probablemente construyendo nuevos contactos entre neuronas. Esta fase del sueño, llamada "paradójica" en virtud de la intensa actividad del cerebro, es, por otra parte, muy larga entre los bebés y en la infancia; en proporción, se reduce en las personas de edad. El sueño paradójico es tanto más necesario cuanto más numerosos son los nuevos aprendizajes. Por lo tanto, es menester preservar el sueño entre los jóvenes, precisamente cuando algunos, durante la época de exámenes, hacen todo lo contrario.

Aprender durmiendo no es un buen método, pero dormir bien, tras una jornada abundante, ¡sí lo es!

12. ¿Hay sustancias nefastas para la memoria?

Sin desarrollar este tema, que es de la incumbencia del médico o el neurofarmacólogo, es útil dar algunas indicaciones. Primero, hay que poner en guardia a los jóvenes contra el enemigo número uno de la memoria, el alcohol. Este flagelo es conocido desde hace más de un siglo, cuando un neurólogo ruso observó que los enfermos alcohólicos crónicos ya no lograban registrar cosas nuevas, provocando así una amnesia grave. Ahora sabemos que el alcohol, que mata las células, hace morir en primer lugar esa estructura que varias veces cité: el hipocampo, que es un poco el archivista de la memoria, catalogando las informaciones nuevas en la memoria como lo haría un bibliotecario con los libros nuevos. Esta amnesia no es total, ya que los recuerdos anteriores a la muerte del hipocampo subsisten, pero ¡qué drama!: un joven que fue operado de los hipocampos (hay dos, ya que el cerebro está dividido en dos hemisferios cerebrales) debido a una epilepsia grave está obligado a releer perpetuamente el mismo diario, como si las informaciones fueran nuevas; como sus padres se habían mudado, cuando él se extravía en la ciudad se dirige a su vieja dirección. Por cierto, un consumo modesto no es peligroso, pero entre los jóvenes hay que ser muy vigilantes respecto de los hábitos, como hacer fiestas con un gran consumo etílico, que pueden conducir a un alcoholismo mundano. Un estudio llevado a cabo con mis colegas médicos reveló que los alcohólicos de cuarenta años (admitidos en el hospital para una cura de desintoxicación) en los tests de memoria obtenían resultados de personas de setenta años. En nuestra época, en que muchos jóvenes serán centenarios, hay que aprender a ser prudente y tal vez comenzar a hablar de una "ecología" del cerebro.

Entre los productos corrientes, el tabaco es igualmente nocivo, por diversas razones. Su efecto de acostumbramiento está ligado a la nicotina porque ésta se asemeja a una molécula natural del cerebro que permite la comunicación entre las neuronas (neurotransmisores). Precisamente por eso la nicotina es un estimulante del cerebro, pero el consumo regular produce un estado de dependencia, nocivo tanto para el organismo como para el bolsillo. Además, es una práctica peligrosa por el hecho de que la nicotina estimula entre otros órganos al corazón, con el riesgo de sufrir accidentes cardíacos que esto implica, sin hablar de las sustancias cancerígenas, aunque esto no concierne directamente a nuestro tema. La nicotina, así como otras sustancias contenidas en el cigarrillo, también producen otros desarreglos contra la memoria, sobre todo la disminución del caudal sanguíneo en el cerebro (reduciendo el volumen de los vasos sanguíneos). En resumidas cuentas, ¡ninguna efímera estimulación vale lo que el buen aire puro!

13. ¿Existen medicamentos para mejorar la memoria?

Una vez más, consulten a su médico habitual para mayores datos, pero aquí tienen algunas informaciones básicas. El cerebro es un mecanismo de precisión que pone en juego una cantidad consecuente de sustancias, de las cuales no todas son conocidas todavía. Una buena memorización requiere un cerebro en buen estado, y los retrasos intelectuales de los niños de los países pobres muestran a las claras los desórdenes ocasionados por la malnutrición. En el primer rango de las sustancias, las proteínas, contenidas en la carne, los pescados y los vegetales, son los ladrillos del cerebro y del cuerpo. Investigaciones realizadas en poblaciones subalimentadas de Guatemala mostraron una mejora en las adquisiciones escolares entre niños que fueron alimentados con comestibles que contenían complementos en proteínas. Los lípidos (grasas) también son necesarios y garantizan la hermeticidad de las células y el aislamiento eléctrico de las neuronas; en los países ricos, por cierto, lo nocivo es más bien el exceso que la falta, pero algunas jóvenes, para parecerse a las modelos delgadas como un junco, se tientan con demasiada facilidad con regímenes draconianos. La misma observación en lo que respecta a los glúcidos (azúcares): en los países ricos la norma es más bien el exceso, pero como la glucosa es el carburante del cerebro (como de los músculos), cuidado con los regímenes demasiado severos. Se presta menos atención a las vitaminas, que son absolutamente necesarias para el buen funcionamiento de nuestro organismo, y sin atiborrarse de ellas, como en ciertos países, es bueno vigilar su alimentación y hasta tomar, bajo control del médico, un suplemento vitamínico. Así, uno de los principales desórdenes sobre la memoria ocasionados por el alcohol se debe al desarreglo de los mecanismos de la vitamina B1, indispensable para el hipocampo. El colmo es Australia: teniendo en cuenta el fuerte consumo de cerveza de los jóvenes australianos, algunos médicos piensan seriamente en suplementar la cerveza con vitamina B1. ¿No es grave?

En cuanto a los medicamentos que harían bien, todavía no son conocidos. Se han realizado propagandas de sustancias que no están clasificadas entre los medicamentos y que se venden en los supermercados o incluso en las farmacias. Pero debe saberse que los fabricantes tienen la obligación de hacer la prueba de la eficacia de las sustancias ante una agencia ministerial solamente para los productos llamados medicamentos, no para los otros. Por ejemplo, algunos productos presentados en los estantes de las dietéticas contienen lecitinas que supuestamente mejoran la memoria, pero que están naturalmente contenidas en los huevos y el chocolate y que, por otra parte, producen colesterol. Otros productos son estimulantes y pueden presentar peligros para el organismo; por ejemplo, un producto corrientemente utilizado por los estudiantes contiene una fuerte concentración de cafeína; este producto, pues, actúa contra el sueño y puede tener, entre otras consecuencias, repercusiones cardíacas. En suma, no hay que tomar nada que no esté en la alimentación ordinaria sin el consejo del médico. El esfuerzo de los investigadores es encontrar sustancias –y muchas han sido descubiertas– que aminoren o compensen los efectos del envejecimiento patológico. Tales medicamentos, benéficos para ciertas enfermedades, en nada mejoran la memoria de los jóvenes. Cuando todo funciona bien, de nada sirve cargar las tintas.

14. ¿Es bueno el estrés para la memoria?

La palabra "estrés" fue propuesta por el canadiense Hans Selye, quien puso de manifiesto que acontecimientos desagradables producen modificaciones nerviosas y hormonales muy intensas, que desembocan sobre todo en la secreción de hormonas corticosteroides (hidrocortisona) a través de las glándulas suprarrenales, ubicadas sobre los riñones. Estas hormonas corticosteroides liberan energía, glucosa, pero a partir de los músculos, los huesos y el tejido linfoide de los huesos que desarrollan las defensas inmunitarias. El sistema del estrés, entonces, es un sistema de producción de energía, pero en cierto modo es un sistema de urgencia, de la última contingencia, pues deteriora el organismo. Así, se mostró entre las ratas que el estrés trae aparejado una atrofia del hipocampo por la lesión de ciertas neuronas específicas que sirven para registrar a largo plazo, y otros investigadores mostraron los mismos efectos entre militares según la duración del tiempo pasado en combate. Por lo tanto, puede preverse que el estrés en la escuela puede ser peligroso, y varios informes periodísticos muestran la cara oculta de un elitismo exacerbado que conduce al cuerpo docente de ciertos establecimientos, a algunos padres y hasta a algunos alumnos, a llevar hasta sus últimos límites el entrenamiento en el aprendizaje. Esta carrera por el éxito es muy peligrosa y tendrá un costo en términos de salud para los alumnos y la familia: depresión, droga, agresión, anorexia, suicidio, como ya lo han denunciado varios médicos y psicólogos. Los propios docentes elitistas un día se verán atrapados en su juego de una competencia desenfrenada y padecerán, como los deportistas, la presión de los jóvenes que querrán su lote de medallas. Algunas expresiones de los alumnos revelan ese estrés: "Es un infierno", "tengo la cabeza a punto de explotar". ¡El progreso social no consiste en sacar a los niños de las minas para llevarlos al hospital!

15. ¿La memoria es la facultad de los imbéciles?

Ya no sé quién dijo que la memoria es la facultad de los imbéciles, pero frecuentemente se oye este tipo de frases que, a mi modo de ver, provienen lejanamente de la concepción de Descartes, quien había fustigado a un charlatán de su época, Lambert Schenkel, por su método absurdo consistente en aprender miles de imágenes para tener una buena memoria. Sin embargo, haciendo una amalgama y confundiendo la memoria por completo con ese método, Descartes privilegió la razón (el razonamiento) al declarar que la memoria no servía de nada para los conocimientos y que la deducción permitía reconstruir todo el conocimiento. En toda la obra de Descartes sólo muy raramente se encuentra citada la palabra "memoria". A mi juicio, de este gran sabio data esa concepción empobrecedora que en ocasiones se encuentra. Por ejemplo, algunos piensan que los deficientes mentales, llamados antiguamente imbéciles o idiotas, tienen una muy buena memoria. Esta creencia parte de una generalización apresurada a partir de algunos casos. Así, Théodule Ribot, el padre de la psicología científica en Francia, citaba en su libro *Las enfermedades de la memoria* (1881) el caso de un oligofrénico (deficiente profundo) que había memorizado desde hacía treinta y cinco años las fechas de todos los entierros de su parroquia, el nombre y la edad del difunto y el nombre de todas las personas que habían participado en la ceremonia. Este tipo de observación es exacta pero corresponde a una muy pequeña cantidad de casos entre los deficientes mentales, llamados "autistas eruditos". Entre estos individuos, todo ocurre como si una gran parte de su cerebro se destinara a una sola actividad; tal niño, por ejemplo, sobresaldrá en los números y será capaz de aprender el calendario perpetuo y las fechas, mientras que tal otro tendrá una memoria visual fantástica que le permitirá redibujar de memoria las fachadas de construcciones complejas; al lado de estas proezas, empero, tales niños o adultos tienen un lenguaje muy pobre y no logran aprender a leer. Fuera de esos fenómenos rarísimos, la gran mayoría de los niños deficientes desdichadamente padece de una memoria deficiente. Por lo demás, los tests mentales, llamados de inteligencia, que miden las capacidades mentales, incluyen diferentes pruebas de memoria. Por ejemplo, el test de inteligencia más utilizado y traducido en el mundo implica once pruebas, varias de las cuales miden la memoria a corto plazo (repetir la serie de cifras más larga posible), la memoria del vocabulario y la de los conocimientos; por otra parte, el test contiene una prueba de cálculo mental que requiere la memoria de las tablas y además una buena memoria a corto plazo. En suma, la deficiencia es atestiguada por un rendimiento insuficiente en varias pruebas, muchas de las cuales miden diferentes memorias.

A la inversa, los individuos brillantes se caracterizan por muy buenos puntajes de memoria, y mis investigaciones mostraron que los alumnos de colegio que obtienen los mejores resultados también son aquellos que, en los tests, conocen más vocabulario de manuales escolares. Algunos desempeños fascinan por su carácter extraordinario: directores de orquesta como Toscanini o Karajan dirigían de memoria partituras tan complejas como óperas o sinfonías. Porque uno los observa con más frecuencia, se banalizan rendimientos igualmente extraordinarios, como los del historiador que conoce miles de fechas, o el farmacólogo con sus miles de compuestos químicos, el periodista deportivo, el escritor que posee un vocabulario de cientos de miles de palabras, algunos actores que pueden memorizar miles de líneas de un texto. Y qué decir finalmente de Rajan, ese profesor de una universidad norteamericana que posee una memoria vertiginosa de las cifras, y está registrado en el libro de los récords por haber sido capaz de recitar treinta mil cifras del número *pi*...

16. ¿Cuál es la diferencia entre memoria e inteligencia?

Por otra parte, ¿cuál es la diferencia entre memoria e inteligencia? La memoria puede ser definida fácilmente y corresponde bastante bien a la idea que uno se hace de ella en la vida corriente. La memoria es el conjunto de los mecanismos, tanto biológicos como psicológicos, que permiten registrar y restituir las informaciones. Sin embargo, en relación con la vida corriente, la memoria es más vasta de lo que generalmente se piensa y debe recordarse que no sólo registra los recuerdos sino también las decenas, en ocasiones centenas, de miles de palabras del vocabulario y su sentido, en ocasiones también de una segunda lengua, ya sea una regional o palabras dialectales. La memoria, lo veremos, también contiene miles de imágenes, desde la del chanchito rosado hasta la de una pirámide, miles de rostros, tablas de adición y multiplicación (que sin embargo se olvidan con la falta de entrenamiento), etcétera. A la inversa, la inteligencia no es tan fácil de definir. Gracias a los resultados científicos producidos a lo largo de un siglo de investigación, podría decirse que la inteligencia involucra tres sentidos principales. En un sentido, muy corriente, la inteligencia es sinónimo de capacidades mentales en general, y actualmente se habla de "cognición" (de la palabra *cogito*, que significa en latín "espíritu"). Es en este sentido, que incluye el de la memoria, que se construyen una gran cantidad de tests de inteligencia, el más conocido de los cuales agrupa once pruebas que van desde un examen del vocabulario hasta la rapidez para efectuar un rompecabezas. El segundo sentido de inteligencia es el de cultura, y de hecho ese sentido corresponde a la memoria, en la acepción moderna del término, puesto que realmente hace falta una memoria para registrar las palabras del vocabulario, su sentido y los conocimientos. El tercer sentido de inteligencia es el de razonamiento –la famosa razón de Descartes– y es el que mejor corresponde al término de inteligencia en el sentido estricto. El razonamiento es el conjunto de los mecanismos que permiten manipular elementos, recombinarlos para deducir cosas nuevas, por ejemplo: encontrar la solución de un problema, hacer un rompecabezas, resolver un enigma. Por último, las investigaciones modernas muestran que memoria y razonamiento están ligados: la memoria del sentido podría provenir de una suerte de razonamiento sobre el texto y, recíprocamente, tanto mejor se razona cuanto más conocimientos se conservan en la memoria.

17. ¿Existe la memoria fotográfica?

Si creyéramos en la idea popular, los alumnos y nosotros mismos tendríamos una "memoria fotográfica". Un actor, por ejemplo, al responder a un periodista, cuenta que "lee" en su cabeza volviendo las páginas; un alumno cree "ver" en su cabeza la página de su lección; etcétera.

Esta creencia, enarbolada a veces por pedagogos no muy al corriente de los desarrollos científicos, es un resto fósil de la teoría de las memorias parciales de fines del siglo XIX, defendida sobre todo por el gran neurólogo Charcot. Según esta teoría, existiría una memoria asociada a cada uno de nuestros sentidos, de manera que habría una memoria visual, una auditiva, una olfativa, etcétera. Esta idea es en parte justa, pero lo que es completamente falso es la concepción según la cual la memoria se reduce por completo a dichas memorias sensoriales.

Concentrémonos primero en la memoria fotográfica visual. Algunos estudios en laboratorio mostraron perfectamente que existía una memoria visual, pero ésta tiene dos características que hacen que los investigadores no quieran calificarla de "fotográfica" sino más bien de memoria icónica (o incluso de memoria sensorial visual). La primera característica es que esta memoria es muy efímera. Cuando se proyecta sobre una pantalla un cuadro de tres filas de cuatro letras, los sujetos de la experiencia olvidan las otras partes del cuadro. Experiencias más complicadas muestran que la duración de esta memoria sería de alrededor de un cuarto de segundo. Por lo tanto, ¡es imposible memorizar una página entera de un manual!

Podríamos lamentarnos por tener una memoria tan pobre, pero, como van a descubrirlo es, por el contrario, una gran cualidad. En efecto, los estudios sobre la lectura[8] indican que nuestros ojos se encuentran en constante movimiento; cuando los ojos son filmados se percibe que se detienen para hacer pausas sobre una palabra, luego saltan para volver a posarse sobre otra. Una pausa se llama una fijación, y precisamente durante esta fijación las letras de la palabra son analizadas en una memoria especial. Luego los ojos saltan sobre otra palabra; éste es el tirón ocular. Ahora bien, el tiempo medio de fijación es de un cuarto de segundo. Así, contando el tiempo de los tirones, existen alrededor de tres fijaciones por segundo, o sea, treinta fi-

---

[8] E. Jamet, *Lecture et réussite scolaire*, Dunod, 1997.

jaciones en diez segundos. Imaginemos por un instante que la memoria icónica dura diez segundos; la primera palabra permanecería en la memoria durante diez segundos, la segunda también, así como la tercera, etcétera, y así de seguido para las treinta palabras fijadas durante este intervalo de diez segundos. Las letras de estas treinta palabras se mezclarían: sería un lío tal que la lectura se haría imposible. Como el mecanismo de las fijaciones y los tirones es el mismo para la visión de los rostros o los objetos en torno nuestro, sería una mezcla de treinta caras y objetos lo que tendríamos ante nuestros ojos de manera permanente. En una hora, ya que en esta duración hay tres mil seiscientos segundos, serían más de diez mil imágenes lo que se mezclaría. Imaginen pues lo que ocurriría si la memoria visual fuera realmente duradera como una fotografía. Por suerte, nada de esto ocurre, y esto por la sencilla razón de que la memoria visual o icónica no conserva las informaciones sino durante un cuarto de segundo; cuando los ojos saltan sobre otra palabra u otra imagen, la precedente se ha borrado, como sobre una buena pantalla de televisión, que sólo conserva la huella de la imagen anterior durante un instante muy corto.

Pero esto no es todo, pues si la memoria icónica es efímera, tiene una capacidad muy restringida debido a las características de nuestro ojo. El ojo está tapizado por un mosaico de células fotorreceptivas que transforman la luz en influjos nerviosos: los conos "ven" en colores y los bastoncitos lo hacen en blanco y negro. De una manera general, varios receptores (diez, cien y hasta diez mil) están dispuestos en racimo y los influjos nerviosos son canalizados sobre un solo cordón común. Como el cerebro sólo es informado de lo que ocurre en el ojo por los cordones, inútil es decirles que la visión dada por el conjunto del ojo no es muy clara. En cambio, en el centro del ojo, todo se desarrolla admirablemente puesto que cada célula receptora tiene su pequeño cordón personal, en suma un teléfono portátil, que le permite enviar con precisión al cerebro lo que ocurre enfrente. Únicamente gracias a esta zona central nuestra agudeza visual es muy buena (por convención, diez décimas). La agudeza es excelente pero solamente en esta pequeña zona que no puede ver sino en un ángulo de dos a cuatro grados, un poco como a través del ojo de una aguja gruesa; por otra parte, ésa es la razón por la cual nuestros ojos se encuentran en continuo movimiento, para llevar un rostro o una palabra frente a esa zona; de no ser así, el contorno permanece vago. Aquí tenemos, pues, la segunda razón por la cual la memoria icónica en modo alguno es una memoria fotográfica; pues no podemos "fotografiar" la página de un manual, ya que una fijación no puede registrar más que una muy pequeña porción del espacio, a grandes rasgos una palabra cuando leemos y una única cara cuando estamos en la vereda de un café.

No obstante, si realmente tenemos la impresión de ver esa página, es porque nuestro cerebro hace una maravillosa síntesis de imagen y nos acuna con ilusiones. Por ejemplo, tenemos dos ojos y sin embargo no vemos más que una imagen; los objetos, como consecuencia de las particularidades de nuestro ojo (el cristalino forma una lente convergente), son proyectados al revés sobre el fondo del ojo, y a pesar de ello vemos los objetos y la gente al derecho: una vez más, es el cerebro el que restablece el conjunto. Pero hagan el pequeño ejercicio siguiente para convencerse de que no tenemos una memoria fotográfica. Fijen durante cinco segundos la próxima página del libro. Luego, cerrándolo, traten de –representándose visualmente dicha página– contar la décima línea partiendo desde arriba: eso es... Ahora, cuenten la séptima palabra partiendo de la izquierda. De este modo, verán por sí mismos que son incapaces de "leer" esa imagen mental, y que ésta no es más que... una bella imagen virtual.

18. ¿Los alumnos tienen una memoria visual o auditiva?

Según la misma teoría popular surgida de la teoría de Charcot en el siglo XIX, algunos individuos tendrían una memoria sensorial predominante; algunos serían visuales, otros auditivos, olfativos, motrices, etcétera. Se decía que Balzac era un olfativo, que los pintores eran visuales y naturalmente que los músicos eran auditivos. Esta teoría es falsa en esa forma simplista y basta recordar que Beethoven era sordo cuando compuso sus últimas sinfonías para comprender que la memoria es más abstracta que eso. Los músicos, por ejemplo, pusieron a punto un lenguaje de los sonidos musicales –el solfeo– y, por supuesto, lo que es esencial es esta memoria del solfeo. De igual modo, se creía que los jugadores de ajedrez eran visuales, pero numerosas experiencias mostraron que los buenos o grandes jugadores sólo tienen una excelente memoria para las piezas de un tablero y no para objetos cualesquiera ubicados al azar sobre una mesa. Algunos investigadores han hecho algo mejor aun, y mostraron que los maestros en el juego de ajedrez pierden su memoria fantástica si, en vez de hacerles memorizar las piezas (peones, rey, reina, alfil, etcétera) surgidas de una partida normal, se ponen las piezas en desorden sobre el tablero. Una vez más, no debe olvidarse el papel del entrenamiento, ya que algunos maestros se entrenaron durante miles de horas y por lo tanto poseen centenares de partidas en la memoria, así como un historiador acumula miles de fechas en la suya.

Por consiguiente, las memorias sensoriales no constituyen lo esencial de nuestra memoria de la vida de todos los días y de la memoria que sirve en la escuela. Sin embargo, esas memorias realmente existen, pero son de corta duración. Por ejemplo, cuando en una experiencia se compara la eficacia de la memorización según las palabras sean presentadas visual o auditivamente, se perciben efectos diferentes con el correr del tiempo. Así, cuando la evocación es inmediata, las palabras presentadas auditivamente son recordadas mejor que las que fueron dadas visualmente. Podría decirse que todos somos auditivos en el corto plazo; estas experiencias fueron realizadas de múltiples maneras, utilizando letras, palabras o textos, a la vez sobre estudiantes de veinte años y niños. Este resultado no es para sorprendernos si nos referimos a la pregunta precedente, donde aparecía que la memoria visual (icónica) sólo dura un cuarto de segundo.

La memoria auditiva dura un poco más, alrededor de tres segundos, lo que garantiza una superioridad relativa. Pero atención, esta superioridad tampoco dura mucho, sólo tres segundos. En la vida corriente, esto apenas deja el tiempo de tomar algo para escribir un número que acabamos de oír, pero la ventaja de la memoria auditiva es demasiado corta para tener una aplicación en pedagogía.

Como lo anticipé, los efectos de la presentación visual y auditiva son diferentes en el tiempo. Ya que si a corto plazo (inmediatamente o en el término de tres segundos) la presentación auditiva da una evocación mejor, no ocurre esto después, por ejemplo diez segundos más tarde: lo visual y lo auditivo producen los mismos resultados. Este fenómeno se encuentra en el origen de la teoría moderna de la memoria. La memoria no es única, no es un granero en el que estarían apiladas imágenes visuales o auditivas, sino que se asemeja más a una computadora con diferentes componentes especializados, los módulos. Tomemos el sencillo ejemplo de un edificio. En la planta baja se ubican las entradas, principalmente con la entrada visual y la auditiva. Las palabras no existen en esta planta sino que simplemente son analizadas como series de caracteres, y forman un "paquete"; en esta fase, las palabras conocidas no se diferencian de las desconocidas (por ejemplo, escritas en inglés o ruso); otras palabras llegan por la otra entrada del edificio, la auditiva, y forman otros paquetes. Luego los paquetes son derivados al piso superior, que es muy importante, pues allí se ubica una inmensa biblioteca, la de todas las palabras aprendidas en la existencia. Cada nuevo "paquete-palabra" va a ser comparado para ver si tal palabra existe ya en la biblioteca. Por eso tenemos la impresión de un *"déjà vu"* cuando vemos una palabra como "abeja", y no para una desconocida, como "bulzomi". Esta memoria de las palabras es llamada "memoria léxica", de la palabra griega *lexi*, que significa "palabra". Una de nuestras principales memorias es precisamente la memoria léxica, es la que nos permite aprender las palabras de un texto, retener un poema, o los nombres que debemos poner sobre una cara o una obra de arte. La biblioteca de la memoria léxica contiene miles de palabras y varias decenas de miles en el adulto cultivado.

19. ¿Cómo se explica la "palabra en la punta de la lengua"?

Para el alumno, así como también para el adulto, es usual tratar de recordar una palabra cualquiera, o un nombre propio. Ocurre, sin embargo, que esa palabra sobreviene repentinamente, sin decir agua va, algunos minutos o una hora más tarde. Uno siente que la conoce, que está a punto de salir, se dice que está "en la punta de la lengua". ¿A qué se debe ese fenómeno tan extraño, inexplicable si se supone una sola y única memoria? En cambio, el misterio se aclara en la teoría moderna, basada en la idea de que la memoria está subdividida en varios módulos, o en varios pisos, para retomar la comparación del "edificio-memoria". En efecto, las investigaciones muestran que la memoria léxica es una biblioteca bella pero muy curiosa, que contiene la carrocería de las palabras pero no su sentido, un poco como un auto sin motor. No muy práctico, me dirán ustedes. Y bien, sí, y en todo caso muy económico, porque la misma carrocería léxica servirá para llevar varios sentidos. Tomen la palabra "disco", por ejemplo; se la utiliza para designar un disco de música, un disco de estacionamiento, el disco solar en Astronomía; o el disco solar de los egipcios en Historia, el disco de la prueba de atletismo, el disco entre las vértebras en Anatomía, no sé cuántas cosas más. Por lo tanto, existe otra memoria, en el piso superior, que contiene el sentido, la significación de las cosas y las palabras. Los investigadores la llamaron la "memoria semántica", del griego *semios*, que significa "signo". La memoria semántica constituye nuestra memoria más poderosa, como puede comprobarse en sencillas observaciones corrientes. Así, si tomamos un filme que usted quiere contar a sus amigos, será capaz –incluso luego de meses– de describir los grandes momentos del argumento, los personajes y las principales intrigas. Pero usted hará este relato con sus propias palabras y no, por supuesto, repitiendo fielmente los diálogos reales del filme. Por lo tanto, ha retenido el sentido del filme, el sentido de los personajes, eso es lo que fue memorizado en su memoria semántica. La memoria semántica, pues, es abstracta, sólo retiene la significación de las cosas sin retener las palabras exactas (lo que hace la memoria léxica). Pero esta memoria, que podría parecer imperfecta, es muy poderosa y dura meses, años e incluso toda una vida, para los principales episodios de la vida que son los recuerdos.

En ocasiones se produce un cortocircuito entre la memoria léxica y la semántica; uno tiene la idea (memoria semántica) pero no logra encontrar la palabra correspondiente, en el otro piso: precisamente es la "palabra en la punta de la lengua". Con mucha frecuencia se trata de un error de orientación que impide la producción de la palabra buscada; uno piensa en una palabra (más frecuente o que se ha utilizado recientemente) que se parece en la fonética. Ciertos estudios que crean artificialmente la "palabra en la punta de la lengua" con palabras bastante raras muestran que los sujetos de la experiencia no encuentran las palabras pero, a menudo con exactitud, enuncian de entrada la sílaba correspondiente. Una vez, por ejemplo, al buscar el nombre del actor que dobla en francés a un determinado actor norteamericano, constantemente me acordaba de la palabra "*baladin*",* precisamente cuando el actor en cuestión era Jacques Balutin.

Por lo demás, aquí tenemos un pequeño truco (no infalible, por supuesto) para poner en práctica cuando uno es víctima de la "palabra

---

* Siendo una experiencia personal, conservamos aquí el original francés; *baladin* significa "payaso", "bufón", en español. (N. del T.)

en la punta de la lengua", muy útil por ejemplo cuando se olvida el nombre de alguien tras las vacaciones; hacer desfilar el alfabeto: a, b, c, d... ¡y con frecuencia el nombre vuelve a la memoria!

20. ¿Qué memoria es mejor, la de las palabras o la de las ideas?

La potencia de la memoria semántica se pone de manifiesto mediante experiencias donde se hace aprender un texto (por ejemplo, una página) cuya memorización se verifica formulando preguntas luego de plazos variados. Puede uno percatarse de que la memoria de las palabras exactas empleadas en el texto no se conserva más allá de una semana, y que los sujetos confunden la palabra exacta con un sinónimo (por ejemplo, "nave" por "velero"), pero que los grandes temas encarados en el texto se conservan durante varios meses, y que tres cuartas partes de ellos aun se reconocen correctamente luego de ocho meses.

La memoria semántica –la de las ideas–, pues, es la más poderosa, y la que conserva las informaciones durante más tiempo. Muy lejos estamos, cuando hablamos de meses, del carácter efímero de la memoria icónica con su duración de un cuarto de segundo.

Sin embargo, en la vida corriente, y sobre todo en el plano escolar, la memoria léxica es fundamental, pues las ideas permanecen en la vaguedad sin la precisión de las unidades léxicas que son las palabras. Resulta necesario (sin exageración, lo veremos más adelante) retener las palabras clave de un curso. Si de una lección sobre Egipto un alumno sólo retiene que no hay sino reyes y secretarios y que los egipcios construyeron grandes tumbas en forma de triángulo, evidentemente es insuficiente, y la progresión en el conocimiento requiere la adquisición de cierta cantidad de palabras claves, como "faraón", "escriba", "pirámide", etcétera. Las dos grandes memorias, pues, son indisociables, la memoria semántica (de las ideas, los conceptos) y la léxica (de las palabras).

21. ¿Se aprende mejor leyendo o escuchando?

Con frecuencia, algunos alumnos o adultos dicen "yo soy un visual", porque aprende mejor leyendo que escuchando. Hemos visto que era más complicado, ya que en realidad la página del libro no es registrada en una memoria fotográfica sino que sólo transita por una memoria icónica que hace que las secuencias de letras rápidamente sean transformadas en palabras (memoria léxica) y conceptos (memoria semántica). Dicho esto, la observación de que se aprende mejor leyendo es totalmente acertada, como lo muestran diferentes experiencias. Así, en un estudio entre alumnos de sexto año donde a través de un cuestionario comparamos diferentes modos de presentación de un texto expositivo de tipo documental (más adelante veremos el caso de la televisión), la lectura mostró mejores resultados, casi el doble que los de la clase de presentación oral (basada en el mismo texto). La principal razón está ligada a los movimientos de los ojos en la lectura.

Así, cuando la lectura de un documento no se hace sobre un libro sino sobre una pantalla de computadora, las palabras desfilan a velocidad regular y no se puede volver atrás ni detenerse más tiempo en palabras difíciles; se percata uno entonces de que aquí la lectura es poco eficaz. En efecto, como lo hemos visto, la lectura no es una fotografía sino que más bien se relaciona con una búsqueda del sentido de los grafismos vistos por el ojo. Si éste, como una cámara, fotografía por ejemplo "el animal está junto al árbol y está comiendo", muy velozmente estos caracteres son identificados en la memoria como palabras, y el sentido de dichas palabras tan familiares es rápidamente disponible. Pero si el ojo lee una frase como "el tiranosaurio surge de los helechos arborescentes para devorar un triceratops", varias palabras requerirán un tiempo de identificación y de búsqueda de sentido más largo. Por ejemplo, si la duración de la mirada es de alrededor de un cuarto de segundo sobre una palabra familiar (animal), puede ser dos veces más largo (medio segundo) para una palabra compleja o poco conocida como "tiranosaurio". Si la palabra es desconocida, entonces habrá que hacer una detención absoluta para buscar en el diccionario o para preguntar a papá o mamá.

Del mismo modo, en tales experiencias, el registro de los ojos mediante una cámara muestra que el ojo vuelve atrás (se trata de regresiones).

Y también el número de regresiones se duplica cuando las palabras son raras o difíciles. Estos mecanismos de duración extendida de la mirada o de la vuelta atrás, evidentemente, no pueden efectuarse durante la audición de una clase oral o la escucha de un programa de radio. Por eso la lectura es superior a una clase oral (o a la radio). Bajo un aspecto familiar, la lectura es un medio extraordinario de "pesca" de informaciones, pues permite una autorregulación según la dificultad del texto. No se lee a la misma velocidad un semanario que un manual escolar...

22. ¿Se debe comprender o aprender de memoria?

Preferentemente se debe comprender para aprender y en este caso la memorización no puede sino mejorar el rendimiento, puesto que la memoria semántica (del sentido, las ideas) es la más resistente de nuestras memorias. Así, pedir que se lea un texto buscando sinónimos para ciertas palabras subrayadas obliga a analizar las palabras en el plano semántico, es decir, obliga a comprender; este método es muy eficaz cuando luego se solicita recordar las palabras del texto. En cambio, cuando se obliga a analizar las palabras solamente en el plano léxico con la consigna de buscar faltas de ortografía, la evocación no es entonces tan productiva. Por lo tanto, la memoria con análisis semántico es más provechosa que el simple análisis léxico.

Dicho lo cual, la comprensión está basada en una memoria abstracta que, por lo tanto, no retendrá por fuerza las palabras exactas del documento sino sinónimos o palabras más generales. La memoria semántica es una biblioteca clasificada por categorías, y estas categorías a su vez están subdivididas en categorías más pequeñas (animal-vertebrado-pez-tiburón), de manera que si, en la lectura, una palabra es poco familiar, es muy probable que, más tarde, la palabra que surgirá durante un interrogatorio será una palabra familiar más general como, por ejemplo, "dinosaurio" en vez de "tiranosaurio", o incluso "faraón" en lugar de "Ramsés II". Por lo tanto, en el caso de una lectura o de un aprendizaje escolar, es preciso al mismo tiempo comprender para construir y enriquecer la memoria semántica, pero también es necesario aprender de memoria para construir y enriquecer la memoria léxica. Así, la comprensión aparece como el motor de la memoria semántica, mientras que el aprendizaje de memoria es el motor de la memoria léxica. Para aprender palabras complejas en el plano ortográfico, como "Tutankamón",* no hay que vacilar en escribirlas numerosas veces, así como debe repetirse muchas veces la pronunciación de las palabras extranjeras, siguiendo el ejemplo de los laboratorios de lengua. La familiaridad de las palabras usuales, "barco", "mesa", "avión", viene precisamente del hecho de que tales palabras son incesantemente repetidas.

* En francés, *Toutankhamon*. (N. del T.)

Resulta fácil observar que la lectura por placer, la lectura de la novela de la noche o de las vacaciones sólo es una lectura semántica: por cierto, se comprende su sentido, y podemos contar el libro de una manera general. Pero ¡qué olvido! Muy pronto habrán notado que se olvidan los nombres de los personajes y nombres nuevos. Luego de haber leído o visto *Jurassic Park*, ninguno de nosotros habrá retenido, si no es especialista, el nombre de los numerosos dinosaurios citados, tal vez a lo sumo el *Tiranosaurius Rex*, ¿pero el nombre de los héroes y el de los dinosaurios *vedettes*, los raptores? Para aprender, pues, la lectura pedagógica requiere más método que la lectura semántica, por el placer. Y uno de los principales métodos, aunque no tenga buena prensa, es la repetición.

23. ¿Es útil la repetición?

Tras haber sido exaltada en las viejas prácticas pedagógicas, francamente la repetición ya no está de moda y de buena gana se la califica de aprendizaje estúpido. Sin embargo, la repetición es el mecanismo básico de las células nerviosas. Como en última instancia la memoria descansa sobre conexiones entre neuronas, la repetición es el mecanismo que garantiza la fuerza de tales conexiones. Por ejemplo, en el famoso condicionamiento de Pavlov, hay que repetir por lo menos cincuenta veces el sonido del metrónomo con la recompensa para que el perro salive cuando oye el sonido. Aunque la memoria humana sea mucho más sofisticada que la de los animales, no por ello la repetición deja de ser una ley básica. Por ejemplo, el manejo de un automóvil y los juegos de vídeo requieren largos períodos de aprendizaje, y es sabido que los campeones modernos se entrenan numerosas horas por día durante años, como lo veremos a propósito de las memorias prodigiosas.

Por lo demás, la repetición adopta aspectos muy variados. Para simplificar, distingamos la repetición léxica, el recitar de memoria y la repetición semántica, del sentido. El recitar de memoria es la repetición de la memoria léxica, mientras que la repetición semántica es más sutil y se realiza por repetición de los episodios. Tomen el ejemplo de Sherlock Holmes; en una página leen (y por lo tanto registran) que tiene un amigo, el Dr. Watson; en otro párrafo, que es detective privado; luego, más adelante, que le gusta reflexionar fumando en su sillón; etcétera. En resumen, con el correr de las páginas, diferentes episodios van a añadir una parcela de información para enriquecer el personaje, y, tras haber leído una o varias historias, un tejido de informaciones enriquecerá progresivamente el "sentido" del personaje en la memoria semántica. Sin embargo, no habrán tenido la impresión de redundancia, porque esta vez se trata de una repetición de episodios que no se asemejan y que añaden cada uno una parcela de sentido. Ésta es la razón por la cual, entre los investigadores actuales, la lectura es vista como un método escogido para enriquecer la memoria semántica; a través del mismo mecanismo, los documentales televisados llevan informaciones a la memoria. ¡Uno repite pero sin percibirlo!

24. ¿Es malo vocalizar al aprender?

¡Qué no se ha dicho acerca del machaqueo, de la repetición memorística "como un loro"! De hecho, una observación corriente parece desacreditar esta práctica. Un alumno lee un texto en voz alta, lo lee perfectamente, pero si luego lo interrogan, se percatan de que no comprendió nada: leyó como un loro. Del mismo modo, frecuentemente se observa que los niños mueven los labios al leer; los investigadores llaman "subvocalización" a esta vocalización silenciosa, y se ha percibido que era permanente, tanto en la lectura como en el curso de la memorización. El adulto, sin darse cuenta siempre, hace lo mismo, pero la subvocalización se produce tan interiorizada que el movimiento de los labios casi no se ve. ¿Para qué sirve esta subvocalización? ¿Es el resto de un viejo hábito de leer en voz alta en la escuela y que, desde entonces, no sirve ya para nada, o es un mecanismo útil para la memorización? Así, numerosos estudios se llevaron a cabo para responder a esta pregunta. Si la vocalización no sirve para nada, entonces suprimirla o impedirla no debería disminuir la eficacia de la memoria. Los resultados son sumamente instructivos: si se suprime la subvocalización durante la memorización de un texto (leído u oído), haciendo repetir sin parar "lalalalala", nos percatamos de que el recuerdo de las palabras o las respuestas a preguntas sobre el texto disminuye en alrededor del 40%. Otros investigadores mostraron que la subvocalización tenía incluso varios papeles beneficiosos. El más importante es repetir algunas palabras para constituir así una verdadera memoria auxiliar; sin darse cuenta de ello, lo que ustedes utilizan cuando les dan un número de teléfono o una cita es precisamente este "ayudamemoria": lo subvocalizan mientras encuentran algo con qué escribir. Pero esta repetición tiene un papel más esencial en la misma comprensión de las frases. Por ejemplo, si yo leo la frase "la carpa era muy fuerte, hubo que meterse en el agua con la red para sacarla", hay que avanzar en la frase para comprender, por las palabras "agua" y "red", que la carpa de que se habla es el pez y no la tienda de campamento. Sin embargo, la memoria visual o auditiva es tan corta (tres segundos para la memoria auditiva) que es necesario repetir el comienzo de la frase para recordarla en el momento en que se llega a la mitad o el final de la frase. La repetición, pues, permite conservar más tiempo en la memoria algunas palabras clave de la frase, ya sea leída u oída. Por otra parte, se ha percibido que la subvocalización es tanto más útil cuanto más complejo es el texto.

Por consiguiente, la subvocalización es muy útil y es una buena costumbre de la que no hay que tratar de librarse. Por el contrario, es preciso que el niño valorice esta práctica de leer en voz alta y luego en silencio, y el entrenamiento desembocará en la subvocalización perfectamente interiorizada del adulto.

25. ¿Se puede aprender escuchando música o el sonido de la televisión?

Una reflexión habitual de los jóvenes es decir que estudiar su lección o su manual escuchando su radio preferida los ayuda a concentrarse. Realmente no es así, muy por el contrario; y esta reflexión es un buen ejemplo de que, como en otras ciencias, es preciso hacer experiencias, pues en psicología no se puede tomar por dinero contante y sonante lo que la gente dice de sí misma, y mucho menos los niños, contrariamente al adagio que expresa que "los chicos siempre dicen la verdad". Las experiencias realizadas comenzaron por estudiar los efectos del ruido sobre la memoria. Ruidos simples, como el del tránsito o la aspiradora, no perturban la memorización. De igual modo, la música pura –clásica o jazz– tampoco molesta. En cambio, no bien hay palabras, como ocurre con las canciones, existe una merma de la eficacia de la memorización que puede alcanzar el 40%. Esta merma de la eficacia es muy comprensible en la teoría de la memoria léxica; como lo hemos visto con respuestas a diversas preguntas, las palabras leídas u oídas son primero analizadas respectivamente en las memorias visual y auditiva, pero muy rápido; lo esencial del trabajo de búsqueda e identificación de las palabras se hace en las memorias léxica y semántica. En resumidas cuentas, pues, las palabras leídas en clase son analizadas en la memoria léxica, pero las palabras oídas en la canción también lo son en la misma memoria léxica. Como esta memoria hace un trabajo doble, pierde en eficacia como cuando se hacen dos cosas al mismo tiempo: quien mucho abarca, poco aprieta. Otros estudios muestran que la escucha en la lengua nativa provoca más molestias que la escucha en una lengua extranjera, como las canciones en inglés o cualquier otro idioma que no sea el materno. La razón de esto es que las palabras no sólo están construidas en la memoria léxica (donde únicamente está la carrocería de las palabras) sino también en la semántica, donde se analiza el sentido. Cuando se comprenden las palabras en la canción hay un doble trabajo, en la memoria léxica pero también en la semántica. De esta manera, ciertos estudios mostraron que aprender lecciones de Historia o de Biología, o aprender un poema escuchando canciones en su idioma materno o simplemente el comentario de las publicidades o de una serie en la televisión (sin ver la imagen), produce una merma de la nota en 7/20, mientras que los alumnos que aprendieron en la serenidad tienen una nota promedio de 13/20: lección o canción, hay que elegir.

26. ¿Las imágenes ayudan a la memoria?

El papel de las imágenes en la memoria es una cuestión muy antigua ya que, en la Antigüedad, se aprendía mucho haciendo imágenes mentales. Por lo que a Descartes respecta, él declaraba que eso sólo servía para los charlatanes. Sin embargo, el desarrollo de los medios basados en la imagen –el cine, la televisión, la historieta y ahora el multimedia– llevó a los investigadores a preocuparse seriamente por la cuestión.

Cuando las imágenes son familiares –un gato, un tulipán, un reloj–, resulta más eficaz aprender en forma de imágenes que en forma de palabras. Esta eficacia se encuentra en todas las edades, ya que la memorización de las imágenes es superior a la de las palabras, desde los pequeñitos hasta los grandes de veinte años; y hasta las personas de mucha edad recuerdan mejor lo que les fue presentado en forma de imágenes que de palabras. No obstante, ¡atención! No nos confundamos, ya que, para la mayoría, la memoria de las imágenes se confunde con la memoria visual y muchos dicen que tienen una memoria fotográfica pues tienen en la cabeza una imagen de la página de su libro, por ejemplo. De hecho, la imagen mental no es en modo alguno una fotografía de la página del libro, o del objeto que se miraba, sino una verdadera imagen virtual: hace ya mucho tiempo que el cerebro hace síntesis de imágenes, cosa que las computadoras comienzan ahora a realizar. Por ejemplo, si yo les pido que se imaginen un cerdito, lo que se les ocurriría es una imagen estilizada, artificial, de un bello chanchito rosado; vayan al campo y traten de encontrar ese lindo chanchito rosado y verán que, en la naturaleza, se olvidó de tomar una ducha. Este hecho ha aparecido en distintos estudios; por ejemplo, cuando se representan objetos o animales sobre diapositivas y se muestran éstas a los niños, ya sea con su color natural (un chancho rosado) o con otros colores (un limón azul), nos damos cuenta de que los niños recuerdan los objetos, animales o plantas con su color natural; no se han acordado de una imagen fotográfica de lo que realmente vieron sino de una imagen tipo, catalogada en su memoria. En efecto, así como tenemos una memoria léxica para la carrocería de las palabras y una imagen semántica para su sentido, tenemos una memoria gráfica que es una fantástica biblioteca de imágenes (los investigadores hablan de "iconoteca"). Sin embargo, es importante recordar que tales imágenes son imágenes fabricadas y no fotografías. Tenemos en la cabeza la imagen de un barco tipo, cuando en nuestra vida hemos memorizado muchos barcos diferentes. Precisamente debido a ese mecanismo de estandarización no es posible fiarse de los testimonios oculares, pues los testigos, en su memoria, se fabrican caras que no corresponden del todo a lo que realmente vieron.

27. ¿Los niños aprenden mejor a través de imágenes?

El hecho de que la imagen mental no sea una "fotografía" sino una imagen de síntesis bien ordenada en la biblioteca de la memoria gráfica explica que la superioridad de la memoria de las imágenes sobre la de las palabras sólo sea cierta cuando aquéllas son familiares: el barco, la cereza, etcétera. Si la imagen es compleja, por ejemplo una historieta, la eficacia no es muy grande; por ejemplo, los niños de entre cinco y seis años cometen hasta el 40% de falsos reconocimientos cuando les hacen elegir entre las verdaderas imágenes presentadas e imágenes con trampa. Los niños mayores incurren en menos errores y los adultos jóvenes son más eficientes desde ese punto de vista. Aquí tenemos otro ejemplo donde, contrariamente al pensamiento común, los niños no tienen una memoria tan buena como los adultos. Esto se debe al hecho de que el ojo sólo tiene una agudeza visual sobre una muy pequeña porción del exterior, alrededor de dos grados de ángulo: realmente muy poco si recuerdan que un ángulo recto tiene noventa grados. Dos grados es como si se mirara a través del ojo de una aguja gruesa, y en la práctica no se puede ver sobre la página impresa de un libro más que una palabra. Así, por ejemplo, en una historieta, no sólo el ojo no puede cubrir una página entera sino ni siquiera el cuadro completo de una imagen. Ambos ojos saltan sin parar y toman varios registros de la misma imagen para hacer lo que los investigadores llaman una verdadera "exploración ocular". Sin embargo, ocurre que la exploración ocular se aprende por sí misma, y que los niños pequeños (cuatro años) tienen una exploración un poco anárquica y sus ojos saltan un poco para todos lados. Sólo hacia los diez años de edad la exploración ocular comienza a volverse sistemática, y todos los detalles son registrados para fabricar en la memoria una imagen suficientemente completa.

Es muy importante tener en cuenta la exploración ocular para la construcción de las imágenes durante la memorización, pues las imágenes de los manuales escolares casi siempre son complejas (fotografías, esquemas, cuadros cronológicos, etcétera). Por lo tanto, es preciso hacer un esfuerzo de análisis de la imagen localizando cada detalle significativo; por ejemplo, en un estudio donde habíamos hecho una cuadrícula para incitar al niño a mirar en todas las partes del cuadro de una historieta, la cantidad de errores cayó el 45%, incluso entre los pequeños. Un buen medio es verificar el aprendizaje volviendo a trazar de memoria el dibujo o el esquema; el alumno comprobará por sí mismo que la memoria no es fotográfica y que necesita varios ensayos para mejorar.

28. ¿Por qué la imagen es eficaz?

La razón de esto no es tan sencilla y los investigadores de esta cuestión hicieron un descubrimiento inesperado que permite formular consejos pedagógicos importantes. Aunque la imagen sea la de un objeto (o animal) conocido, como mesa, abeja, etcétera, la velocidad de presentación es decisiva. Así, a la velocidad usual de uno o dos segundos por imagen, las imágenes familiares son recordadas mejor que las palabras, pero esto ya no ocurre por debajo de la velocidad de medio segundo por imagen. En este último caso, las imágenes son recordadas de la misma manera que las palabras equivalentes. ¿Por qué? Como lo hemos visto acerca de varias preguntas, la memorización no es una fotografía sino una construcción que requiere varios estratos. Ahora bien, se ha percibido que las imágenes, una vez construidas o encontradas tal cual en la memoria gráfica, eran verbalizadas mentalmente. Por ejemplo, al ver la imagen de un oso, no sólo se construye la imagen mental de un oso en la memoria gráfica sino que luego esta imagen va a la memoria semántica y una vez encontrado el sentido "oso" se busca la palabra en la memoria léxica. De hecho, automáticamente nosotros transformamos las imágenes en palabras, sin saberlo. Este mecanismo, que desemboca en la verbalización de las imágenes, fue llamado por los investigadores "doble codificación"; hay una codificación de imágenes y una codificación verbal. Precisamente gracias a la doble codificación, las imágenes en particular son memorizadas mejor que las palabras, que sólo se benefician con una única codificación, la verbal. No obstante, la doble codificación es una construcción, un viaje entre diferentes memorias, que toma más tiempo. Se desarrolla convenientemente (cuando las imágenes son familiares) si el tiempo es suficientemente largo para el aprendizaje. Pero cuando las imágenes son aceleradas, entonces la cosa cambia. Así, cuando el TGV* se lanza a 250 o 300 km por hora, ya no se pueden leer los carteles, la velocidad es demasiado alta para nuestros mecanismos psicológicos. De esto surge una consecuencia práctica: para que la imagen sea eficaz (piensen en la televisión), se necesita una velocidad de crucero.

* *Train Grand Vitess*, tren de alta velocidad. (N. del T.)

29. ¿Las ilustraciones de un manual ayudan al aprendizaje?

Una segunda consecuencia práctica no se refiere a la velocidad sino a la doble codificación. Ya que, en suma, si la imagen es eficaz, una vez más lo es gracias a la palabra. Precisamente porque la imagen es verbalizada: por ejemplo, uno se dice, respecto de una imagen: "Es un oso". La conclusión práctica es que la imagen debe ser verbalizable para ser eficaz. Así se explica el hecho de que únicamente las imágenes familiares son eficaces, las complejas o ambiguas dejan de serlo; piensen por ejemplo lo que serían los carteles de la ruta sin su significación. En la escuela, empero, o en el colegio, donde el alumno está para aprender, la mayoría de las imágenes son precisamente no familiares y hasta complejas; son fotografías de células en Biología, cortes de terreno o de roca en Geología, mapas en Geografía, fotos o cuadros cronológicos en Historia. Estas imágenes, pues, requieren las palabras, que son las leyendas, del mismo modo que las historietas tienen su propia codificación, ¡los globos!

Por consiguiente, son las palabras las que tornan eficaces a las imágenes. Así se explica un resultado paradójico a primera vista: un manual con sus ilustraciones no siempre es más eficaz que la simple lectura del texto. Un texto bien explicado permite una representación mental tan eficaz como fotografías o dibujos. En cambio, el esquema es más que un simple dibujo y posee propiedades de organización. Si se hace bien, en este caso es muy eficaz y facilita el aprendizaje la representación esquemática de las etapas de un mecanismo físico, por ejemplo, como las fases de compresión-dilatación de los gases.

30. ¿Es mejor la televisión que la lectura?

En nuestra época de explosión de los medios audiovisuales tecnológicos, en particular la televisión, pero cada vez más el multimedia, se tiende a pensar que el medio más moderno es el más eficaz. Así, la televisión podría destronar a la lectura como medio más eficaz. Sin embargo, los primeros resultados que comparan lectura y televisión nos dejan perplejos, ya que es la lectura, de lejos, la más eficaz. Así, en una experiencia llevada a cabo en el colegio, y que compara documentos televisados a su transcripción en pequeñas cartillas, la lectura es tres veces más eficaz que la televisión, según se desprende de las preguntas formuladas a los alumnos. Asombroso, ¿no es cierto?

Dos principales razones explican la inferioridad de la televisión. Primero, la lectura es un poco superior a la oralidad por la presencia de palabras desconocidas: resulta más fácil de pronunciar una palabra leída (tomen el ejemplo de "Tutankamón") que adivinar la ortografía de una palabra oída. Sin embargo, tanto en la televisión como en la radio las palabras son oídas, y las palabras complejas son más difíciles de aprender. Por ello, cuando aquéllas desconocidas o complicadas son escritas en el pizarrón, como complemento del documento televisado, el puntaje de los alumnos es dos veces mejor en los cuestionarios que con la televisión únicamente. ¡Vivan los subtítulos!

La segunda razón, como lo hemos visto en otra pregunta, está ligada al hecho de que la lectura es un modo de registro autorregulado; los ojos se posan durante más tiempo (hasta cuatro veces más) sobre las palabras complejas o no familiares. Este tiempo de pausa más largo permite el análisis de las palabras complicadas en las memorias léxica y semántica (véanse capítulos precedentes). A la inversa, la banda de sonido de la televisión corre irremediablemente a la misma velocidad y si un pasaje del documental va demasiado rápido, no se puede volver atrás, ya es demasiado tarde, el documento desfila sin tregua. Ocurre lo mismo que en la autopista; si ustedes andan demasiado rápido y no ven el cartel de salida, ¡ya es demasiado tarde, no pueden desandar el camino!

Para que las cosas funcionen mejor, se necesitaría una televisión que pudiera detenerse cada vez que fuera necesario, sobre todo con un magnetoscopio: el problema es que el alumno no es consciente de lo que realmente comprende. Puede esperarse que el multimedia (computadora con altoparlante) con los CD-rom, que permite leer y oír la palabra, ver la imagen y volver para atrás, permitirá combinar las ventajas de la televisión (la imagen) y de la lectura. Mientras tanto, ¡no guarden sus libros en el desván!

31. ¿Las imágenes humorísticas facilitan el aprendizaje?

¿El humor mejora el aprendizaje? Es posible creer que sí, y florecen los libros y sobre todo los documentos televisados, donde pequeños personajes se pasean por las células o las moléculas, para divertir a los niños y tal vez así ayudarlos a aprender. Pocos estudios se hicieron sobre este tema, pero los primeros resultados son harto decepcionantes. No sólo las imágenes humorísticas no facilitan la memorización sino que, además, ¡parecen molestar! En efecto, hay que tener bien claro que la memorización requiere procesos de análisis en memorias especializadas (memoria de las palabras, memoria del sentido). Todos estos mecanismos llevan su tiempo y todas las informaciones –palabras, imágenes, detalles, etcétera– ocupan un lugar en nuestras memorias, que no son elásticas. Por lo tanto, los detalles que permiten el humor o bien agregan imágenes no pertinentes –por ejemplo, pequeños personajes– o bien texto suplementario, que sobrecargan la memoria. Por último, en algunos casos, la adición de ciertos detalles puede hallarse en contradicción con el tema del documento; por ejemplo, "los humanos están constituidos por células y no a la inversa": puede ser perturbador para el niño ver a hombrecitos evolucionando entre las células o en su interior. Por eso los manuales escolares son bastante serios en su conjunto: con o sin humor, para aprender más vale complicar lo menos posible.

32. ¿La memoria es elástica?

Con mucha frecuencia se tiene la impresión de que muchos docentes o creadores de programas piensan que la memoria es elástica. Es un homenaje que se le ofrece a la memoria, ya que es tan poderosa que puede dar esa impresión. Algunos investigadores en Biología, por otra parte, en una época pensaron que tenía una capacidad ilimitada. ¿Por qué creían esto? Alrededor de los años sesenta, la teoría dominante era que no había especializaciones en el cerebro y que un recuerdo correspondía a una combinación de conexiones entre las neuronas (células nerviosas). Y como existen alrededor de cien mil millones de neuronas en el cerebro, las combinaciones posibles son billones, es decir, un número casi infinito. Por desgracia, esta idea no se ha confirmado y las investigaciones muestran cada vez más que el cerebro se especializa para producir mecanismos distintos, llamados módulos, un poco como los componentes de una computadora o las habitaciones y los pisos de un rascacielos. De tal modo, la cantidad de neuronas por módulos es mucho más restringida (aunque sea de varios miles) y las combinaciones no son infinitas. Por otro lado, no todas las combinaciones existen y probablemente haya más conexiones verticales entre las neuronas, como algunos lo han mostrado en la visión. La conclusión, pues, es que la memoria no es elástica.

Esta nueva concepción de una memoria "limitada", en cambio, concuerda muy bien con una buena cantidad de observaciones en psicología, pero deben distinguirse dos grandes tipos de memoria: una de corto plazo y otra de largo plazo.

La memoria de largo plazo corresponde a la memoria en el sentido corriente del término, la que permite que los alumnos aprendan los cursos duraderamente y también la que nos permite retener las caras de nuestros prójimos, las palabras del vocabulario, las caras y nombres de los actores, políticos, periodistas, etcétera. Esta memoria no es elástica pero tiene en promedio una gran capacidad, varios miles de palabras de vocabulario, varios miles de imágenes y rostros, etcétera. En esta memoria de una enorme (pero no ilimitada) capacidad, los recuerdos se van con bastante lentitud, el olvido es gradual y una vez que las caras han sido vistas y los nombres oídos, en muchas ocasiones —como los de los compañeros de colegio—, esos recuerdos permanecerán en la memoria durante decenas de años.

En cambio, las investigaciones recientes pusieron de manifiesto la existencia de otra memoria dotada de un funcionamiento muy diferente. En efecto, esta memoria sólo dura algunos instantes (de tres a treinta segundos) y por este motivo fue calificada como memoria "de corto plazo". Por otra parte, la memoria de corto plazo tiene una capacidad muy limitada de siete unidades. Un gran investigador de la memoria calificó incluso, con humor, esa cifra 7 de mágica, haciendo así la comparación con los siete días de la semana, las siete maravillas del mundo, etcétera. Y podría continuarse su lista con las siete notas de música, los siete enanos de Blancanieves... Y si James Bond sólo se hubiera llamado 003, ¡quizá no habría conocido el éxito!

Como vemos, esta capacidad es extremadamente limitada, pero lo paradójico es que estas unidades son un poco elásticas. En efecto, la memoria de corto plazo es capaz de memorizar siete palabras familiares –"conejo", "reloj", "cereza"...– pero es igualmente capaz de retener siete frases, siempre y cuando sean muy familiares, por ejemplo: "El jardinero está regando las flores"; incluso, algunos investigadores mostraron la capacidad de recordar siete proverbios, a condición de que éstos sean bien conocidos previamente. ¿Cómo comprender esta capacidad, alternativamente limitada o elástica? Para ello, hay que considerar la memoria de corto plazo como el fichero de una biblioteca; el fichero contiene fichas, y sobre cada una de ellas figuran las referencias de un libro con su número de emplazamiento en los estantes de la biblioteca. Y bien, los estantes son la memoria de largo plazo, y los libros otras tantas palabras y recuerdos. Pero la ficha del libro sólo incluye su nombre y referencia; cada ficha tiene el mismo espesor, ya sea que el libro comprenda cien páginas o sea un grueso diccionario de seis mil. En cambio, con esta analogía de la biblioteca, imagínense que un libro esté mal encuadernado y que sus cuadernillos estén dispersos; la referencia de la ficha sólo los conduciría a una parte de las informaciones. Es lo que ocurre con la memoria: miren esta secuencia de letras: "MFGXWLT"; hay siete letras que ocupan la totalidad de su memoria de corto plazo, pues las letras son como cuadernillos separados. A la inversa, si yo les presento la palabra "ROSADELOSVIENTOS", está compuesta de dieciséis letras y, sin embargo, éstas no desbordan de la memoria de corto plazo; están soldadas en una palabra que ya está bien instalada en la memoria de largo plazo como un libro bien encuadernado en una biblioteca, cuyas páginas no se separan, a tal punto están bien ensambladas. La palabra en su totalidad, pues, sólo está representada por un pequeño índice en la memoria de corto plazo, y quedan seis lugares para poner los seis índices correspondientes a otras palabras conocidas, sea cual fuere su longitud. Una frase familiar, un proverbio conocido, así, sólo están catalogados en un pequeño índice en la memoria de corto plazo.

Por lo tanto, la capacidad de la memoria de corto plazo depende estrechamente de la familiaridad de los recuerdos y ésta es la razón por la cual los niños tienen una capacidad menor para las palabras y se debe a que su vocabulario aún es incierto, mal estructurado. Por ejemplo, si los alumnos del colegio tienen una capacidad normal para palabras comunes, ésta cae a la mitad para palabras técnicas no familiares, extraídas de los manuales escolares, como Juliano, Jenofonte, etcétera.

33. ¿Para qué sirve la memoria de corto plazo?

Realmente, ¿para qué puede servir una memoria tan limitada –siete casilleros–, la memoria de corto plazo, que hemos descubierto en la pregunta anterior? De hecho, su papel es central, ya que es una suerte de pizarrón y permite ensamblar cosas nuevas.

Así, la memoria de corto plazo permite el cálculo mental. Por ejemplo, digamos tres veces doce, yo puedo hacer tres veces diez igual treinta, más tres veces dos igual seis, treinta más seis igual treinta y seis. Los diferentes resultados de los cálculos intermediarios provienen de la memoria de largo plazo, a condición de haber aprendido las tablas en la escuela (por eso siempre es necesario aprender de memoria las tablas, a pesar de las calculadoras). Pero durante estos cálculos intermediarios no deben olvidarse las cifras de partida, o sea, tres y doce. Por lo tanto, la memoria de corto plazo al mismo tiempo almacenará temporariamente las cifras de partida a la vez que ensambla los resultados intermediarios del cálculo. Por consiguiente, la memoria de corto plazo sirve para efectuar "operaciones" mentales, conjuntos como sobre un pizarrón, de manera que un sinónimo muy utilizado de memoria de corto plazo es el de "memoria de trabajo".

Naturalmente, la memoria de corto plazo o memoria de trabajo no sirve solamente en el cálculo mental sino también para la comprensión durante el transcurso de la lectura. Cuando un alumno lee la frase "la carpa era una hermosa pieza, daba gusto verla saltar del agua moviendo sus aletas", sólo hacia el final de la frase, gracias a las palabras "saltar", "agua" y "aletas", el lector comprenderá que la carpa es aquí el pez y no la tienda de campamento. Para comprenderla, sin embargo, fue preciso que la palabra "carpa" persistiera en la memoria de corto plazo, en el momento de leer el final de la frase. Por eso una frase larga, en general, resulta difícil de comprender y el niño deberá releerla varias veces. La capacidad limitada de la memoria de corto plazo impone construir frases cortas para que sean comprensibles. ¡Sin duda, por este motivo los chistes cortos son los mejores!

34. ¿Cómo se aprende?

Puesto que la memoria (de corto plazo) tiene una capacidad limitada, ¿cómo diablos se hace para aprender? Lo comprenderán si imaginan que tienen que aprender una larga lista de letras: "ESCOM OELPE RRODE LHORT ELANO NIC OMENI DEJAC OMERAL AMO". A todas luces, estas series de letras superan la capacidad de la memoria de corto plazo. Pero sólo en la medida en que aparecen como letras individuales, separadas unas de otras. Si miran atentamente, descubrirán que las letras pueden ser relacionadas para formar grupos significativos, palabras; los ayudaré destacando una palabra de cada dos: "ESCOM OELPE RRODE LHORT ELANO NIC OMENI DEJAC OMERAL AMO". Allí donde no habían visto más que series de letras, poco a poco descubren palabras, y, entonces, el proverbio les salta a la vista: "Es como el perro del hortelano, ni come ni deja comer al amo". Al recordar de memoria este simple proverbio, están recordando lo que les parecía imposible, cuarenta y siete letras.

Así, numerosas investigaciones mostraron que todo aprendizaje, incluso el aprendizaje de memoria, consiste en construir grupos de informaciones sólidas para que ocupen menos espacio en la memoria de corto plazo. Este proceso de agrupamiento de informaciones se llama organización. Veamos los tres principales modos de organización que utiliza nuestra memoria.

El proceso más general de organización es la categorización. Para mostrarlo, los investigadores preparan una lista de palabras pertenecientes a categorías familiares, por ejemplo cuatro palabras de la categoría flores, cuatro animales de granja, cuatro países, etcétera. El aprendizaje de estas palabras es muy rápido respecto del aprendizaje de esas mismas palabras mezcladas. Este procedimiento es clásico en la enseñanza; corresponde en particular a fraccionar un texto en párrafos y a poner títulos o subtítulos a los párrafos, siendo esto válido en todas las materias, de la Historia a la Biología. Este método es ya bien conocido, pero las investigaciones actuales permiten añadir el siguiente consejo: como el método de los agrupamientos es eficaz debido a la capacidad limitada de la memoria de corto plazo, es necesario hacer pequeñas categorías o pequeños párrafos para que sea realmente eficaz. De igual modo, no hay que multiplicar demasiado las categorías, así como tampoco los párrafos en un capítulo. Es preciso mantenerse dentro de los siete párrafos. Naturalmente, lo que se aprende no siempre corresponde a categorías muy evidentes.

El segundo método de organización se apoya en el lenguaje. Así, la frase es un buen medio de organización para unir varias palabras. De este modo, ciertas experiencias mostraron que era dos veces más eficaz aprender pares de palabras como "nena-canguro", si se sugiere aprenderlas formando pequeñas frases significativas como "la nena da de comer al canguro".

Este procedimiento puede aplicarse con imágenes y corresponde al tercer gran método de organización. Si se tienen que aprender pares de palabras como en el caso anterior, "saxofón-patineta", entre otros ejemplos, deberá representarse entonces una imagen mental que permita unir esas dos palabras; en el caso anterior podría resultar bastante fácil imaginar esos dos objetos, por ejemplo, dentro de un episodio de *Los Simpson*. También en este caso, el método de agrupamiento permite multiplicar por dos el recuerdo de las palabras juntas respecto de los sujetos control que aprenden las palabras sin utilizar ningún método.

35. ¿Cómo aprender nombres propios o palabras extranjeras?

Como acabamos de verlo en la pregunta anterior, el motor del aprendizaje es la organización, es decir, la creación de unidades significativas gracias a los conocimientos ya registrados en la memoria de largo plazo. La organización mediante el lenguaje (también llamada "mediación verbal") o mediante la imagen fue exitosamente extendida al aprendizaje de un vocabulario extranjero. Tomemos el ejemplo de la palabra *dîner* en francés, que significa "cena". La dificultad de la palabra extranjera es doble, ya que es preciso aprender su pronunciación y también su significación. El procedimiento se llama de doble cadena porque precisamente toma en cuenta esos dos aspectos. Hay que encontrar una palabra castellana que ante todo recuerde la pronunciación de la palabra extranjera, por ejemplo "dinero", cuya pronunciación se aproxima a la palabra francesa; tomando luego la palabra castellana que traduce la francesa "cena", hay que unir esas dos palabras "dinero" y "*dîner*", imaginando por ejemplo una cena que cuesta mucho dinero. Este método fue experimentado con diferentes lenguas –francés, ruso, serbocroata– y demostró su eficacia. Naturalmente, como conduce a construir asociaciones e imágenes extrañas, deberá ser abandonado en los estudios avanzados donde la práctica, la etimología, etcétera, permitirán el aprendizaje, pero es interesante conocerlo en caso de aprendizaje rápido (para un viaje, por ejemplo).

Del mismo modo, la organización o mediación verbal resulta muy útil para memorizar nombres propios difíciles. Por ejemplo, para retener el nombre del cineasta polaco Kieslowski, puede descomponérselo en tres palabras: *kiss* ("besar" en inglés), *love* ("amor" en inglés) y *ski*. Vemos que en este procedimiento se realiza el camino inverso, ya que en lugar de agrupar varias palabras en una sola, lo que se descompone es la palabra difícil. En efecto, en el caso de una palabra desconocida o difícil, ésta no representa una unidad en la memoria sino que son las sílabas las que constituyen las unidades. Debe encontrarse entonces el modo de soldar las sílabas, por ejemplo mediante una pequeña frase o una serie de palabras sencillas. Al interrogar a estudiantes que aprendían fácilmente, un investigador había descubierto que utilizaban este tipo de método para aprender, en ocasiones con humor, como por ejemplo en la pequeña frase humorística: "*Albi toi ma fille, il se fait Tarn*", para recordar que Albi es la prefectura del Tarn.*

---

* Juego mnemotécnico intraducible. La escritura correcta de la frase en francés es modificada sobre la base de la fonética para retener las palabras "Albi" y "Tarn". La frase correcta sería *Habille-toi ma fille, il se fait tard*, es decir: "Vístete, hija mía, se hace tarde". (N. del T.)

36. ¿Hay que aprender "de memoria"?

"Volverán las oscuras golondrinas de tu balcón los nidos a colgar..." Hace algunas décadas, el estudiar de memoria era valorizado como sistema pedagógico para las tablas de multiplicar y los poemas. Desde el gran desbarajuste de mayo de 1968, la moda se transformó totalmente y entonces podía oírse el eslogan: "basta con comprender para aprender". A la inversa, el aprendizaje de memoria se convirtió en sinónimo de memoria de loro, de memoria pasiva, de memoria necia. Por lo demás, a menudo se oye decir a los estudiantes: "¡Ah, tengo que aprender de memoria como un idiota!".

De hecho, es erróneo desvalorizar el aprendizaje de memoria, que salvo en la excepción que vamos a señalar, es un aprendizaje noble que pone en ejecución mecanismos bastante complejos. Los investigadores se dieron cuenta de esto cuando estudiaron el aprendizaje de una misma lista en varios ensayos. Para evitar que los sujetos de la experiencia recordasen sólo las primeras y últimas palabras, la lista (veinticuatro palabras, por ejemplo) era mezclada en cada ensayo. A pesar de esta mezcla, las palabras eran recordadas cada vez con mayor frecuencia en el mismo orden hasta el momento en que la lista es casi aprendida de memoria. De una lista que contenía esas palabras, un sujeto recuerda juntas por ejemplo "oso, bicicleta, sombrero, cigarro, carpa" y si le preguntan por qué, declara que se imaginó en un circo a "un oso con un sombrero que anda en bicicleta bajo la carpa fumando un cigarro". A la inversa, otro sujeto recordará juntas (suponiendo que esas palabras figuren en la lista) "triángulo, piano, frac", imaginándose una "formación musical" con el triángulo, el piano y un músico de frac. En suma, cada sujeto organiza a su manera las palabras por grupos, una frase, una imagen, una categoría y por lo tanto se encuentran en actividad los mecanismos de agrupamientos que permiten construir la memorización. Por consiguiente, el aprendizaje de memoria es comúnmente un cóctel de medios de organización y dista mucho de reducirse a un aprendizaje pasivo. Cuando se aprenden palabras complejas, el aprendizaje de memoria permite organizar las sílabas entre sí, tal como hemos visto, comparándolas con palabras conocidas, lo que acelera su memorización. Por lo tanto, hay que revalorizar el aprendizaje de memoria.

No obstante, las investigaciones mostraron que la repetición no era en sí misma el motor de la memorización, sino que lo que permite agrupar varias informaciones es la organización de las informaciones entre sí. La repetición no es más que una ocasión que permite agrupar juntas las palabras que se deben organizar, cosa que requiere un acceso a la memoria semántica para encontrar frases o categorías que favorezcan la reunión de las palabras. En suma, la repetición no es más que una sala de espera mientras los bibliotecarios buscan los medios de clasificar mejor esos libros un poco especiales que son las palabras.

De tal manera, cuando un alumno repite su lección pensando en el juego de vídeo o el filme que va a escoger, la repetición efectivamente es tonta, ya que los procesos nobles, en particular semánticos, están ocupados en su reflexión sobre los juegos o los filmes. A partir del aprendizaje de listas de palabras, fácilmente los investigadores llegan a distinguir el "aprendizaje loro" del aprendizaje organizado. De un recuerdo a otro, se cuenta la cantidad de palabras recordadas en dos ensayos consecutivos. Cuando esa cantidad –llamada "recuerdo interensayo"– aumenta, es señal de que el sujeto organiza cada vez más. En nuestro ejemplo anterior, el sujeto recuerda "oso, carpa", luego, en el ensayo siguiente, "oso, carpa, cigarro" y luego, de ensayo en ensayo, agrandará el agrupamiento en que pensó: éste es un buen ejemplo de aprendizaje organizado. A la inversa, un sujeto que aprende como un loro recordará por ejemplo "oso, triángulo", luego, en el ensayo siguiente, "oso, cigarro", después "cigarro, frac", etcétera. Un sujeto semejante recuerda en general las últimas palabras (memoria de corto plazo) sin reflexionar en sus eventuales relaciones; un sujeto semejante no logra aprender una lista de veinticuatro palabras; en general, llega al límite recordando de ensayo en ensayo alrededor de siete palabras. Este análisis experimental explica por qué algunos alumnos, inclinados sobre su escritorio, repiten incansablemente pero sin avanzar: porque piensan en otra cosa.

En conclusión, debe valorizarse el aprendizaje de memoria. Pero también cuidar que el aprendizaje sea un aprendizaje organizado y no un aprendizaje tipo loro. ¿Cómo proceder? Y bien, ayudando al alumno a construir sobre el papel grupos significativos en su lección, sobre todo haciendo un plan con títulos y subtítulos o esquemas. Si se trata de un poema, hacérselo recitar haciendo una mímica de la situación, para verificar que el sentido está integrado; si se trata de una tabla de multiplicar, se la hace aprender por pequeños paquetes sucesivos, haciéndole notar las relaciones lógicas; por ejemplo, para la tabla del cinco, una vez de cada dos debe caer sobre cinco o un múltiplo de diez; interrogarlo al revés, o hacerle preguntas desordenadas para demostrar con claridad que la memoria semántica realmente ha sido exigida. En tales condiciones, el aprendizaje de memoria es muy eficaz.

37. ¿La memoria está ordenada como una biblioteca?

Sí, cuando se trata de la memoria semántica, la memoria del sentido, la memoria parece ordenada como una biblioteca. Pero es una biblioteca sofisticada, pues están disponibles dos clasificaciones, una temática y otra asociativa. La primera clasificación es temática por grandes dominios, los animales, las plantas, la ropa. Por lo demás, fácilmente se mide esta clasificación pidiendo a un grupo de, por ejemplo, cien personas, que diga todas las palabras en las que piensen cuando se mencionan ciertas categorías. Luego se toma nota de tales palabras clasificándolas por orden decreciente de citas. Por ejemplo, se ve que la mayoría piensa en "perro", "gato", "caballo", "vaca", cuando se presenta la categoría "animal de cuatro patas". En la categoría "flor", las personas interrogadas piensan en primer lugar en "rosa", "tulipán", mientras que los escritores clásicos más citados son "Zola", "Balzac" y "Hugo". En cuanto a las historietas, las más frecuentes son "*Tintín*", "*Asterix*", "*Lucky Luke*" y "*Boule et Bill*", mientras que entre las canciones infantiles los *hits* son "*Au clair de la lune*", "*Frères Jacques*" y "*Une souris verte*".* Ciertos estudios muestran que la rapidez para enunciar una palabra de una categoría (por ejemplo, "tulipán" para "flor") es tanto mayor cuanto más tempranamente fue aprendida esta categoría en la infancia. Esto significa que la clasificación por "estantes" de la memoria comenzó en la infancia, y cuanto antes haya comenzado, más sólida es la clasificación. Es un poco como en la propia casa, cuando se encontró una clasificación, en general es conservada durante mucho tiempo, aunque ya no convenga demasiado. Así, se encuentran errores de clasificación en las respuestas de las personas. En la categoría "cantante de ópera", algunos dan la "Castafiore",** que realmente es una cantante, pero ¡de historieta! En "constelación", las respuestas exactas son "Osa Mayor", "Orión", pero algunos por error dicen "Júpiter" o "Vía Láctea", siendo uno un planeta y la otra una galaxia. El hecho de que la clasificación de la memoria (semántica) date de nuestra infancia

---

* Dado que la investigación ha sido realizada en Francia, las historietas y canciones citadas como más conocidas corresponden a la cultura francesa. (N. del T.)
** Cantante de ópera que aparece en la serie *Tintín*. (N. del T.)

explica este tipo de errores; así, algunos siguen clasificando la ballena y el delfín entre los peces cuando son mamíferos.

Existe otra clasificación, en apariencia más desordenada, no tan lógica pero muy astuta, porque corresponde a las palabras que a menudo están juntas en el lenguaje, como "mesa y comer", o que pueden ser empleadas una en vez de la otra como los contrarios, "caliente o frío". Por ejemplo, cuando digo "abeja", la mayoría de la gente piensa en "miel"; "perro y ratón" son evocados para "gato"; y por supuesto, desde La Fontaine, se piensa en "cordero" cuando se habla de "lobo". Este fenómeno es conocido desde hace mucho tiempo, y ya Aristóteles, el gran filósofo de la Antigüedad, lo había observado. En el siglo XIX se llamaba "asociaciones de ideas" a este fenómeno del que surgieron expresiones que permanecen en el lenguaje, como "perder el hilo de las ideas". En efecto, la memoria puede imaginarse como una vasta red de pescador, donde los nudos son palabras y los hilos relacionan algunas palabras entre sí. Hasta se piensa que el influjo nervioso se propaga de sitio en sitio a partir de una palabra y prepara así la conversación preactivando palabras cercanas. Por ejemplo, si hablo con amigos acerca de las abejas, palabras como "miel", "libar", "flor", "enjambre" van a estar preparadas en la memoria. A la inversa, esta preactivación puede hacernos decir tonterías, como las que a los niños les gusta provocar en ciertos juegos. El juego es muy conocido, hay que repetir a toda velocidad "blanca, blanca, blanca, blanca", y luego se formula la pregunta: "¿Qué toma la vaca?"; las más de las veces, el compañero pisa el palito diciendo "leche", cuando lo que toma la vaca es agua. El error viene del hecho de que las palabras "blanca" y "vaca" preactivaron "leche" en la memoria, que es como un peleador a punto de reñir; vaya, casi digo a punto de ¡hervir!

38. ¿De dónde vienen los lapsus?

Si la memoria semántica está catalogada como una biblioteca, en particular por grandes temas, hemos visto que las palabras también se ordenan por su carrocería en una memoria especial, la memoria léxica. Esta memoria está un poco clasificada como el fichero de la biblioteca, por orden alfabético, pero de manera más flexible, a grandes rasgos, por la primera sílaba y la rima. Así, en las investigaciones sobre el fenómeno de la "palabra en la punta de la lengua" se plantean definiciones correspondientes a palabras poco frecuentes, que hay que encontrar; por ejemplo, cómo se llama el aparato que los navegantes utilizaban para orientarse con los astros (el sextante). Cada vez que el sujeto de la experiencia no encuentra la palabra correcta, se le pregunta si puede decir la primera sílaba o la rima de la palabra y uno se percata de que una buena proporción de los individuos realmente tenían en la cabeza la sílaba y la rima correctas. Por lo demás, con bastante frecuencia la "palabra en la punta de la lengua" es producida por la competencia con otra palabra que se le parece. Los lapsus o errores de palabras precisamente presentan dichos errores fonéticos entre las palabras y si Freud popularizó la idea de que esos lapsus ocultan palabras sexuales censuradas, la coyuntura es más bien rara. El caso general es una confusión con una palabra fonéticamente cercana y más corriente y por lo tanto más fuerte en la memoria de la persona o el alumno. Esas semejanzas fonéticas provocan sinsabores a los alumnos, que de ese modo cometen gruesas confusiones como llamar "denominator" al denominador, confundiéndolo con el título de la película *Terminator*, o pensar que "regicida" es un insecticida.

Estos fenómenos muestran que la clasificación de la memoria léxica es fonética: las palabras parecen estar clasificadas por la primera sílaba, y secundariamente por la rima. Por otra parte, ésta es la razón por la cual la poesía, antes de la popularización de los libros, era rimada, para aprender más fácilmente los textos. La fonética es la base de los retruécanos, los juegos de palabras, y en este caso hacemos funcionar la memoria léxica. Exceptuando esta diferencia de clasificación con la memoria semántica, clasificada por tema, la memoria léxica también puede ser vista como una vasta red, donde las palabras son asociadas por las mallas con otras que tienen las mismas sílabas o rima, de donde surgen los mismos fenómenos de preactivación. Así, a los niños les gusta el juego que consiste en repetir a toda velocidad "dador, dador, dador" para luego preguntar "¿con qué tomas la sopa?", contestando las más de las veces el interlocutor "con un tenedor", en vez de una cuchara. El *vesre*, o poner las sílabas de las palabras al revés, también divierte a los niños, hasta a los grandes, y corresponde a un juego de ejercicio de la memoria léxica. ¡La memoria es máticablepro pero catitásfan!

39. ¿Cuál es la capacidad de la memoria de largo plazo?

A menudo los alumnos, como también por supuesto los adultos, se quejan de su memoria. Y sin embargo, la capacidad de la memoria de largo plazo es sorprendente, aunque no infinita. La cantidad de palabras registradas en la memoria es tan importante como difícil de estimar. Los estudios lo hacen de diferentes maneras, la más corriente de las cuales es seleccionar las palabras a partir del diccionario. Pero las palabras son tan numerosas, por ejemplo más de ochenta mil en un diccionario corriente, que no es posible interrogar a los alumnos sobre tal cantidad; la cosa insumiría varias jornadas. Por lo tanto, se hace una muestra de palabras y se trasladan los porcentajes de definiciones correctas sobre el conjunto de las palabras. En Francia, un método semejante permitió estimar que los alumnos conocen alrededor de seis mil palabras al final de la escuela primaria. Otro método, que yo utilicé con algunos colaboradores, fue seleccionar las palabras nuevas, respecto del vocabulario corriente, de los manuales escolares; así se encontraron desde seis mil palabras nuevas en sexto año y hasta cerca de veinticinco mil en tercero. Al hacer cuestionarios sobre un muestreo al azar de cien palabras por materia se percibe que los alumnos han aprendido mucho cuando termina el año escolar. Al final de sexto, los alumnos conocen y comprenden dos mil quinientas palabras sobre las seis mil, y al final de tercero, conocen catorce mil de las veinticinco mil. Así, pues, la memoria de los alumnos es muy poderosa y registra miles de palabras en los años de colegio. Por lo tanto, la memoria es muy competente.

40. ¿La memoria puede ser sobrecargada?

A pesar de las grandes proezas de la memoria, es mejor no abusar. Ésta no posee una capacidad infinita, por estar basada en un cerebro con células nerviosas y no en un espíritu inmaterial. Y aunque algunos profesores piensen que "cuanto más se pone, más se retiene", algunas experiencias muestran que el aprendizaje es más lento cuando hay una sobrecarga. Por ejemplo, en una de nuestras experiencias sobre los mapas de Geografía, los alumnos debían aprender en cinco ensayos un mapa de América con veinticuatro ciudades. En una clase, el mapa no estaba sobrecargado, mientras que en las otras se añadían de uno a veinticuatro nombres suplementarios (de países o Estados). Aunque los nombres suplementarios no fueran para aprender, el aprendizaje resultó más difícil en el caso de los mapas sobrecargados. Además, en estos últimos mapas se observa que algunos alumnos se "desenchufan" y aprenden cada vez peor y se sienten desalentados. En efecto, otros estudios muestran que la dificultad acarrea el desaliento de los alumnos más débiles. Si se recuerda (véase la pregunta anterior) que en los años del colegio el aprendizaje abarca miles de palabras y no solamente veinticuatro nombres de un solo mapa, fácilmente puede imaginarse cuántos alumnos caen en el desaliento. Así, pues, no sólo la sobrecarga es nefasta para el aprendizaje, sino que también es peligrosa para los alumnos en dificultades.

41. ¿Cuál es el secreto de las memorias prodigiosas?

Todos envidian las memorias prodigiosas del pianista virtuoso, del experto en un tema, del jugador de ajedrez, y uno quisiera conocer el misterio de esas memorias. Por un lado, la explicación de las memorias prodigiosas es de índole biológica. No somos espíritus puros y la memoria está basada en el cerebro. Ciertas hazañas, pues, están ligadas al sustrato biológico. Champollion, que descifró los jeroglíficos, conocía muchas lenguas; algunos jugadores de ajedrez son capaces de jugar varias partidas al mismo tiempo a ciegas, es decir, sin mirar los tableros (les dictan las posiciones). Detengámonos algunos instantes en un caso extraordinario estudiado por algunos investigadores, el de un joven estudiante norteamericano, ahora profesor en una universidad de su país: Rajan Mahadevan fue registrado en el libro de los récords en los años ochenta por ser capaz de recitar 31.811 decimales del número *pi*. Su memoria de las cifras es absolutamente extraordinaria; por ejemplo, en una universidad donde participó en un estudio miró durante tres minutos un cuadro de cinco filas de diez cifras, o sea cincuenta cifras, y fue capaz de recitarlo línea por línea, o columna por columna, o por partes. Varios meses después todavía se acordaba. En cambio, para informaciones diferentes de las cifras, palabras o figuras espaciales, no muestra ninguna superioridad respecto de otros sujetos. Al observar, durante una visita de Rajan, que éste no recordaba la topografía de sus oficinas en su laboratorio, algunos investigadores realizaron junto con él una experiencia sobre la memoria de la posición espacial y la orientación. La experiencia consiste en la memorización de cuarenta y ocho imágenes de objetos, presentadas a la derecha o a la izquierda de un punto central (posición), al derecho o en espejo (orientación). Respecto de otros sujetos, Rajan tiene un rendimiento inferior de aproximadamente el 10% en el reconocimiento de la posición y orientación de dichos objetos. De igual modo, cinco meses más tarde, su memoria parece totalmente común, pues no recuerda más que un cuarto de tales objetos. Los investigadores, pues, piensan que las zonas del cerebro reservadas habitualmente a la memoria espacial de los objetos (posición y orientación) serían utilizadas en parte para la memorización espacial de cifras. Desempeños extraordinarios, pues, probablemente se deban a diferencias neurobiológicas.

Pero al mismo tiempo, tales proezas están ligadas a factores psicológicos, sobre todo el tiempo de aprendizaje, o en otras palabras, el entrenamiento, que ya sabemos que es importante para los deportistas de alto rendimiento. Así, algunos grandes jugadores de ajedrez llegan a memorizar veinte piezas sobre las buenas posiciones del tablero pero solamente si éstas corresponden a una partida verdadera; si las piezas están ubicadas al azar, los grandes jugadores no recuerdan más que los jugadores debutantes. Ocurre que, en realidad, su memoria está basada en centenares o miles de partidas registradas en la memoria, así como nosotros tenemos miles de palabras registradas en la nuestra. Por lo tanto, la memoria también está ligada al aprendizaje, al entrenamiento.

En el conservatorio de Berlín se realizaron ciertos estudios específicos que mostraron que algunos alumnos violinistas, considerados por su maestro como de nivel internacional, tienen por lo menos diez años de práctica y se entrenan durante un tiempo considerable. A los trece años, los "mejores" se entrenan doce horas por semana contra cinco horas de los alumnos que se encuentran en el conservatorio para preparar el profesorado de Música. A los veinte años, las horas de práctica se elevan a cerca de treinta para los alumnos de nivel internacional, mientras que los alumnos docentes llegan a diez. Los investigadores que realizaron este estudio, pues, demostraron que los alumnos de nivel internacional acumularon por lo menos diez mil horas de práctica. Si su niño se pasa diez mil horas aprendiendo sus lecciones de Historia, ¡ya verá si no es genial!

42. ¿Puede uno fiarse de su memoria?

¡Realmente, no! La memoria es muy poderosa pero no funciona como un magnetófono o un magnetoscopio, registrando fielmente la realidad. Ella interpreta la realidad. Un buen ejemplo de esto nos lo da el testimonio ocular. En una experiencia se presentó una serie de diapositivas que reconstruían un accidente de tránsito. Un auto verde hace caer a un ciclista al adelantar a un camión. Si el experimentador formula preguntas que incluyen informaciones falsas como "¿por qué el auto azul derribó al ciclista?", no sólo la memoria registra esta nueva información, sino que incluso la memoria verbal deformará la imagen y cuando se pregunte el color del auto, el espectador dirá "azul", es decir, el color introducido verbalmente en la pregunta y no el color verde realmente visto. Por lo tanto, nuestra memoria es ampliamente interpretativa, gracias a la memoria semántica y, a la inversa, no es muy fiel. Una antigua experiencia también había mostrado que de un texto que presentaba argumentos pro o anticomunistas, algunos estudiantes seleccionados mediante cuestionarios según su actitud pro o anticomunista recordaban sobre todo los argumentos favorables a su opinión de partida. Del mismo modo, en el estudio de los recuerdos antiguos, el marido y la mujer no tienen el mismo recuerdo de episodios vividos en pareja. De una manera general, hay que recordar que la memoria no es única y que descansa en varios módulos. Los módulos sensoriales, visual o auditivo, son efímeros, la memoria léxica es intermediaria y de este modo somos incapaces de recordar diálogos reales de una película; la memoria de imágenes es virtual y nosotros reconstituimos bellas imágenes pero un poco falsas, mientras que, en cambio, la memoria semántica es muy poderosa y se conserva a lo largo de meses y hasta de años.

43. ¿Cómo explicar el olvido?

El olvido es la otra cara de la moneda de la memoria y sus mecanismos son diversos. En principio, hay que repetir que la memoria no es la facultad de un espíritu puro sino que descansa en el funcionamiento del cerebro. Algunos olvidos, pues, provienen del envejecimiento normal o patológico del cerebro. Por ejemplo, sin insistir demasiado en esto, ya que en este libro tratamos acerca de la memoria de los alumnos, la destrucción de la estructura cerebral llamada hipocampo produce una amnesia (pérdida de la memoria) para todo registro nuevo. Esto ocurre en una trágica enfermedad llamada enfermedad de Alzheimer, pero también en el alcoholismo, que acarrea lesiones diversas en el cerebro y en el hipocampo; la falta de oxígeno también puede provocar esta destrucción. Ciertas lesiones en diferentes partes del cerebro, por ejemplo como consecuencia de un accidente de moto entre los jóvenes, pueden causar amnesias selectivas como la pérdida de las fisonomías o de la capacidad de hablar, mostrando por otra parte que la memoria no es unitaria sino que descansa en diversos sistemas.

Pero hablemos más bien de los mecanismos psicológicos del olvido. La primera medida del olvido data de las experiencias del alemán Ebbinghaus en 1885. Cosa extraña, si recordamos que la memoria fue un tema de interés desde la Antigüedad; antes del siglo XIX a nadie se le ocurrió medir la memoria. No pensaban que fuera posible medir el espíritu. Ebbinghaus tenía un método muy particular. Él mismo aprendía listas de sílabas, y luego, poniendo cada lista en un sobre, volvía a aprenderlas en una fecha dada, digamos una hora después, un día, una semana y así hasta un mes más tarde. Sustrayendo el tiempo de reaprendizaje del tiempo de aprendizaje original, mostraba así lo que quedaba en la memoria. Por ejemplo, se necesitaba poco tiempo para volver a aprender la lista un minuto más tarde, mientras que hacía falta el 80% del tiempo original para hacerlo con una lista que databa de un mes: por consiguiente, sólo quedaba el 20% del registro en la memoria. De estos estudios, luego reproducidos, se percibió que el olvido era muy rápido, del 50% al cabo de una hora al 80% al cabo de un mes. ¡Espantoso! Y sin embargo, eso refleja a las claras lo que ocurre en la vida corriente, sobre todo en la vida escolar, donde los alumnos olvidan a gran velocidad. Otras investigaciones, luego, añadieron horror al espanto. En efecto, cuarenta años de investigaciones mostraron que el olvido es tanto más rápido cuantas más cosas similares se aprenden. Este descubrimiento provino de un investigador que hacía aprender listas de sílabas como Ebbinghaus a estudiantes pero no encontraba los mismos resultados. Así, el recuerdo de una lista veinticuatro horas más tarde mostraba un olvido del 15%, mientras que Ebbinghaus, luego del mismo tiempo, había olvidado el 65%. ¿Ebbinghaus no tenía memoria? Era poco probable, ya que, para sus experiencias, aprendió miles de sílabas sin significación. Pero precisamente era el aprendizaje de miles de sílabas la causa de su olvido, como lo mostró este investigador: él dio cantidades variables de listas para aprender y se percató de que cuanto mayor era la cantidad de listas que aprendían los sujetos, más rápido las olvidaban. ¡Cuanto más se aprende, más se olvida!

A la inversa, el seguimiento de las investigaciones sobre este tema mostró que cuanto más se aprende, más rápido se aprende. Por ejemplo, en una experiencia de larga duración se hizo aprender de memoria, cada dos días, una lista de diez pares de palabras, y esto treinta y seis veces, o sea, durante más de dos meses; si se necesitaban diez ensayos para aprender perfectamente una lista los primeros días, no hacían falta más que cinco, es decir, dos veces menos, para las últimas listas del entrenamiento. Sin embargo, a la inversa, se tropezaba con el mismo fenómeno, la primera lista era poco más o menos bien recordada al cabo de dos días, mientras que las últimas eran casi totalmente olvidadas al cabo del mismo lapso. Por lo tanto, se llega a la paradoja de que se aprende cada vez mejor con el entrenamiento pero se olvida cada vez más rápido. ¡No sólo cuanto más se aprende, más se olvida, sino que cuanto mejor se aprende, mejor se olvida!

Si los alumnos leyeran esto, podrían preguntarse: "Entonces, ¿para qué sirve que aprenda?". Felizmente, la continuación de las investigaciones fue positiva, y lo que dio la solución a esta paradoja fue el observar el funcionamiento de las computadoras. Por lo demás, el funcionamiento de la biblioteca es el mismo, y mejor voy a tomar ese ejemplo que todos conocen. Mantener en buen estado una biblioteca consiste en ordenar los libros en un emplazamiento numerado de un estante determinado: por ejemplo, un libro sobre las abejas está clasificado en el número 7 del estante M. El lector interesado por las abejas busca en un fichero el tema abeja, a menos que conozca el nombre del autor y mire por orden alfabético. En ambos casos, fichero por tema o fichero por orden alfabético, en nuestra biblioteca modelo encontrará la ficha que le indicará que el libro sobre las abejas se encuentra en el estante M número 7. Imaginemos ahora una biblioteca cuidada por un bibliotecario extravagante que ordena los libros como llegan y sólo hace fichas cuando le viene en gana. Esta vez, es muy probable que no encuentre ninguna ficha del libro sobre las abejas, motivo por el cual inferiré falsamente que esta biblioteca no dispone de este tipo de libros. Erróneamente, ya que el libro realmente está, pero ¿dónde?

Y bien, nuestra memoria funciona como una biblioteca con un buen archivista. Las palabras, las imágenes, los rostros, los recuerdos están bastante bien ordenados, pero nuestra memoria es tan inmensa que algunos recuerdos son irrecuperables sin el número de su emplazamiento; recordemos por ejemplo que una persona cultivada conoce varias decenas de miles de palabras, probablemente otras tantas imágenes y rostros, y no hablemos de los recuerdos, que todavía no se pueden enumerar. Todos estos tesoros de la memoria, como se los llamaba en la Edad Media, son inaccesibles, por no tener su dirección correcta. Un investigador canadiense mostró que nuestra memoria funciona de la misma manera que una biblioteca dando a memorizar listas de palabras por categorías. Por ejemplo, cuatro animales, cuatro flores, cuatro países, etcétera, hasta doce categorías, o sea, una gran lista de cuarenta y ocho palabras. En un grupo, donde el recuerdo no tenía ninguna ayuda, sobre una hoja blanca, como en el interrogatorio del escolar, los sujetos recuerdan un poco menos de la mitad de las palabras. Pero si en otro grupo se presenta una hoja con el nombre de las categorías, "animales", "flores", "países", etcétera, estos nombres los ayudan considerablemente, ya que se recuerdan las tres cuartas partes de las palabras. Los nombres de las categorías han funcionado como las direcciones, la referencia de las fichas de la biblioteca, ayudando a recuperar las palabras registradas en la memoria como libros en sus estantes. Por lo que respecta a la memoria, se llama a esas direcciones los índices de recuperación (o de recuerdo).

Los índices de recuperación son numerosos. Los nombres de las categorías, los títulos de un libro o de un curso son índices semánticos. Las iniciales o las primeras sílabas, o incluso las rimas son índices para la memoria léxica. Las imágenes también son excelentes índices, y el álbum de familia o las fotos de viaje usualmente nos permiten rememorar a los invitados de tal o cual fiesta o incluso recordar los episodios de un viaje. En este sentido, una linda experiencia se realizó sobre el recuerdo de los nombres y las caras de los compañeros de liceo. Según las fotos de clase y los archivos de un colegio, los investigadores encontraron a ex alumnos después de tiempos variables, desde tres meses hasta cincuenta años más tarde; naturalmente, la gente había envejecido en la misma medida. Los resultados son extraordinarios y muestran a las claras que las experiencias de laboratorio no son artificiales y realmente reflejan los mismos mecanismos en acción en la vida de todos los días. Si en un grupo de personas se les pregunta, sin dar ayuda, los nombres de sus compañeros de liceo, aquellas que dejaron el establecimiento tres meses atrás sólo dan el 15% de nombres, pero si se les dan las fotos, entonces recuerdan las tres cuartas partes de los nombres. Cincuenta años más tarde, el recuerdo sin ayuda es inferior al 10% pero recuerdan el 40% de los nombres al ver las fotografías de los ex compañeros; aunque sólo el 40% de los nombres sean recordados al ver las caras, no por ello esos nombres han sido olvidados, ya que, si se presentan los nombres de compañeros de promoción entre otros nombres trampa, los verdaderos son reconocidos años más tarde, siendo todavía ese porcentaje del 70% luego de cincuenta años. Las caras también son registradas, ya que las fotografías de las caras de los compañeros son reconocidas entre fotos trampa en el 90% de los casos, e incluso en una proporción del 70% luego de cincuenta años. Es extraordinario, si se tiene en cuenta que la experiencia se desarrolla medio siglo más tarde y que esos ex alumnos tienen entonces setenta años.

No es tanto lo que olvida nuestra memoria, pero, como una inmensa biblioteca, necesita buenos índices, buenas direcciones del pasado.

44. ¿Por qué las cosas se recuerdan al volver a mirar los apuntes de clase?

Con mucha frecuencia, los alumnos y los estudiantes se exasperan ante la hoja en blanco de su examen, mientras que más tarde, al volver a ver los apuntes de clase se acuerdan de todo o de casi todo. Este fenómeno corresponde precisamente al papel de los índices en la memoria. En efecto, las experiencias revelan que en la memorización de palabras o imágenes, los mejores índices son esas mismas palabras e imágenes. Esto se puede verificar en la técnica de sondeo de la memoria llamada "reconocimiento". En el recuerdo, el sujeto debe escribir lo que se acuerda en una hoja blanca, mientras que, en el reconocimiento, se imprimen las palabras recién aprendidas, mezcladas con otras tantas trampas: el sujeto debe entonces circular las palabras que reconoce, y todo error (falso reconocimiento de una trampa) es considerado como un punto negativo; de hecho, los jóvenes cometen bastantes pocos errores, y el reconocimiento es muy bueno: alrededor del 70% para las palabras y el 90% para las imágenes (a condición de que correspondan a cosas familiares).

Si el alumno aprendió bien su lección, lo que encontrará cuando vuelva a leer sus apuntes o manual, de regreso a su casa, es precisamente esa tasa de reconocimiento. Pero si no supo suficientemente su lección en el momento de la prueba es porque su aprendizaje era incompleto: entonces la lección no está lo bastante organizada y la pregunta del profesor no es un índice suficiente para recordar muchas informaciones.

45. ¿Cómo se explica la impresión de "agujero negro" antes del examen?

Como en la conocida canción de Johnny Halliday, muchos alumnos podrían cantar *"Noir, c'est noir, il n'y a plus d'espoir..."**, a tal punto la impresión de "agujero negro" resulta trágica para el alumno en el pizarrón o el estudiante en el momento del examen. Una vez más, este fenómeno se explica por los índices de recuperación pero también por la noción de memoria de corto plazo, vista en capítulos anteriores. Las palabras de la lección están ordenadas en la memoria de largo plazo que hace las veces de biblioteca. Pero la memoria de corto plazo no es un fichero permanente como en la biblioteca, más bien es un pizarrón que se cubre y borra a pedido. En el momento de las revisiones, pues, la memoria de corto plazo contiene, llena de índices e informaciones, los nombres de los dioses egipcios, los faraones, algunas fechas. Pero antes del examen, los alumnos hablan entre ellos,

* "Negro, todo negro, ya no hay esperanza." (N. del T.)

o peor, tuvieron otras clases, de Francés, de Matemáticas, y las palabras de esas lecciones borraron el pizarrón de la memoria de corto plazo para crear ese famoso "agujero negro". Sin embargo, si los alumnos aprendieron bien su lección, las preguntas del profesor se convertirán en buenos índices. La palabra "faraón" en preguntas tales como "cite tres faraones famosos" permite traer de la memoria de largo plazo los nombres buscados, con tanta seguridad como "Johnny" sirvió de índice para recordarle "Halliday". Y la memoria de corto plazo, como el pizarrón, volverá a llenarse con las informaciones que el alumno escribirá en su hoja. En cambio, para el alumno que no aprendió lo suficiente, las informaciones no están en la memoria de largo plazo, o de manera demasiado fragmentaria para que los índices sean eficaces. Entonces, el pizarrón permanece negro y ya no hay esperanza.

46. ¿De dónde viene la "sensación de conocer"?

En ocasiones, el olvido es parcial; uno no recuerda el nombre de un periodista o de un actor, el escolar no se acuerda del nombre de un personaje histórico, pero sí recuerda uno cosas fragmentarias, que se trata de un periodista, que trabaja en la televisión, que no es un periodista de prensa, que es simpático, etcétera. Este fenómeno de recuerdo de informaciones parciales, llamado "sensación de conocer", se debe a la naturaleza heterogénea de la memoria. Como lo hemos visto a través de varios capítulos, la memoria descansa en numerosos módulos especializados, memoria de las palabras, del sentido, de las imágenes, de las caras, y ciertas informaciones pueden estar disponibles en algunas bibliotecas y no en otras, en un momento determinado. Por otra parte, con frecuencia lo que falta es el nombre (memoria léxica) y entonces es el caso particular de la "palabra en la punta de la lengua". La explicación principal está ligada a la falta de aprendizaje de dicha palabra. Si vemos a menudo a ese periodista, su cara será registrada con mucha frecuencia en la memoria y entonces estará muy disponible, su función de periodista también muchas veces es registrada en la memoria semántica, ya que es el objeto mismo de su aparición. Pero el nombre no es sistemáticamente recordado en cada emisión y por lo tanto no está tan disponible.

Para el alumno ocurre lo mismo en la lectura de los manuales. Por ejemplo, en un manual de Historia, la palabra "faraón" es citada explícitamente ocho veces pero implícitamente veinte: ya sea en forma de pronombre, "él", por ejemplo, o sobreentendida por nexos como "y". En suma, el sentido de la palabra habrá sido registrado veinte veces tras una lectura de la lección, mientras que la unidad léxica, la palabra, sólo habrá sido registrada ocho veces. No está tan mal, pues otros nombres como Ramsés, Keops, Tutmosis sólo habrán sido presentados una o dos veces, lo cual es insuficiente para la memoria. Aquí tenemos un ejemplo de dato que producirá una sensación de conocimiento, por ejemplo, aquel faraón (Keops) que construyó la mayor pirámide... (pero sin poder decir el nombre preciso).

47. ¿Cuáles son los métodos buenos para aprender?

¡Ah! Los buenos métodos. En realidad son numerosos, y como hemos visto la memoria está compuesta por varios sistemas, por lo que cada sistema o memoria tiene de algún modo su buen método. A lo largo de estos capítulos se presentaron diversos métodos, por ejemplo la autorrepetición aumenta en el 40% la eficacia de la memorización, la iconografía facilita la memorización si se trata de imágenes familiares, un entorno silencioso facilita el aprendizaje, etcétera. Pero los dos métodos más generales, a mi juicio, son la organización y lo que llamé el aprendizaje multiepisódico.

Teniendo en cuenta la capacidad limitada (siete "casilleros") de la memoria de corto plazo, es menester organizar para aprender, es decir, reagrupar en unidades más grandes la información que se debe aprender. El ejemplo más simple es el de una lista de palabras que uno intenta organizar en categorías, por ejemplo los animales, los frutos, los países, etcétera. En el nivel escolar, esto consiste en tomar un documento y construir un plan con pequeños párrafos bien localizados mediante títulos explícitos. Lo mejor es hacer una cantidad limitada de párrafos, por ejemplo tres o cuatro, y también una pequeña cantidad de subapartados. Los buenos manuales están organizados de este modo, pero la mayoría de las veces pecan por un exceso de informaciones; entonces el alumno debe rehacer su propio "manual" y sus propios párrafos "reorganizando" el curso y el manual. Al hacer este trabajo, como si él mismo fuera el autor del manual o un profesor, hará su organización subjetiva, el mejor método para aprender. Precisamente por esta razón, en la práctica, generalmente se observa que las mejores exposiciones de los alumnos (o estudiantes) son las de los que hicieron el informe.

El segundo, aprendizaje multiepisódico, es un nuevo método que propuse en uno de mis libros[9] y que parte del principio de la memoria episódica. Cada vez que nosotros leemos u oímos una palabra o el objeto o imagen que representa, su concepto forma un episodio nuevo en la memoria episódica con su contexto de origen. Por ejemplo, cuando leo la palabra "gato", ésta se registra en el contexto de esa frase, pero si mi gato pasa delante de mí, la imagen y el concepto de

---

[9] Véase A. Lieury, *Mémoire et réussite scolaire*, 3ª ed., Dunod, 1997. Edición en español: *Memoria y éxito escolar*, Fondo de Cultura Económica, de próxima aparición.

gato se registran en este nuevo contexto; lo mismo si miro en la televisión un reportaje sobre Colette, rodeada de sus gatos: la palabra "gato" va a registrarse en un nuevo episodio cuyo contexto será el de esta escritora. Así, con la repetición de los episodios sobre los gatos va a construirse en la memoria semántica un concepto abstracto, general, de gato, que nos permitirá comprender cierta cantidad de cosas cuando se lea u oiga la palabra "gato". La memoria semántica, base de nuestros conocimientos y la más resistente en el tiempo, es construida entonces a partir de la repetición de los episodios. Si se aprende un solo episodio, nuestra memoria semántica será muy pobre y no se podrá responder a muchas preguntas. Por ejemplo, no siendo astrónomo, no se podría explicar a nuestros hijos más que una o dos cosas referentes a los "quásares", mientras que, habiendo leído mucho acerca de la memoria y habiendo hecho muchas experiencias, ese concepto es mucho más rico en mi memoria. En consecuencia, la memoria semántica se construye también mediante una repetición. Pero atención, aquí la repetición no es una repetición de memoria; por ejemplo, si repito veinte veces la palabra "quásar", voy a registrar la unidad léxica, la carrocería de la palabra, pero no su concepto, su significación, y no habré adelantado mucho para hablar de este concepto. La construcción de la memoria semántica, pues, requiere una repetición pero de episodios, el aprendizaje multiepisódico. El aprendizaje episódico implica presentar un concepto con las formas más variadas posibles y la mayor frecuencia posible.

Bastante a menudo, la escuela se contenta con un curso bien hecho y de buena fe el profesor tiene la impresión de que los alumnos han registrado si se ha hecho un curso claro y conciso. Pero el curso no representa más que algunos episodios. Para retomar nuestro ejemplo de la clase de Historia sobre Egipto en sexto año, tal vez el profesor va a utilizar ocho veces "faraón" en una frase, lo cual dará ocho episodios, pero quizá no cite más que una sola vez "Keops" y eso no será suficiente. La lectura de un libro, por otra parte, es un excelente aprendizaje multiepisódico: diferentes conceptos van a ser repetidos en contextos (aquí, las frases) muy variados, razón por la cual la lectura debe ser considerada como un verdadero método de aprendizaje. Pero lo ideal es variar todavía más los contextos de aprendizaje. Por lo tanto, habría que acompañar las clases del profesor y la lectura del manual con una búsqueda documental, pasar extractos de películas, hacer que los alumnos construyan carpetas, reunir fotos, utilizar un buen CD-rom. Y por supuesto, lo ideal, si la escuela fuera rica, sería coronar el conjunto con una excursión ¡a Egipto!

48. ¿Los procedimientos mnemotécnicos son eficaces?

Desde la Antigüedad, por azar y luego por tanteo, se han descubierto procedimientos o trucos que permiten mejorar la memoria. Se los llama procedimientos o trucos mnemotécnicos. En general son eficaces, porque representan el papel de plan de recuperación. En capítulos anteriores hemos visto que nuestra memoria es una vasta biblioteca y que se necesitan índices, buenas direcciones del pasado, para recuperar el emplazamiento de los recuerdos en los estantes de la memoria. Pero también tenemos una memoria de corto plazo que sirve de pizarrón y este pizarrón tiene una superficie limitada, donde no todo puede inscribirse. Un plan de recuperación es una organización de índices que permite "encadenar" entre sí muchos índices y así economizar nuestro pizarrón. Por ejemplo, si yo aprendo doce categorías de cuatro palabras, la cantidad de nombres de categorías será demasiado grande para almacenarlos en la memoria de corto plazo (limitada a siete). Pero si yo descubro que puedo clasificar los nombres de categorías en categorías más elevadas, por ejemplo "flores", "frutos", "árboles" en la supercategoría "plantas", y las categorías "peces", "pájaros", "insectos" en la supercategoría "animales", etcétera, así voy a reducir las doce categorías a otras cuatro grandes, por ejemplo "animales", "plantas", "minerales", "utensilios". Un equipo de investigadores realizó una experiencia semejante con una lista gigantesca de ciento veinte palabras, agrupadas en categorías, que a su vez estaban reagrupadas en supercategorías. El recuerdo era de setenta palabras, desde el primer ensayo, cuando la misma lista mezclada en un grupo de control sólo permitía un recuerdo de unas veinte palabras. Si recordamos que la memoria de corto plazo, nuestro pizarrón, está limitada a siete palabras, vemos que el plan de recuperación permite recordar diez veces más. El plan, pues, es una organización de índices de recuperación. Aquí, los índices son los nombres de categorías de base; por ejemplo, "flores" para recordar "tulipán", "rosa" y las supercategorías son las organizaciones más elevadas. Este plan de recuperación jerárquica es el más eficaz que se conozca, pues corresponde a la clasificación de la memoria semántica, la más poderosa de nuestras memorias. Por eso es muy bueno que un manual escolar sea presentado con títulos y subtítulos. Sin embargo, los índices sólo sirven para recuperar informaciones ya almacenadas en la memoria; si estas informaciones no existen, los índices no serán eficaces. Ésta es la razón por la cual aprender el plan de memoria no basta; hay que aprender el texto de manera multiepisódica, como lo hemos visto en la pregunta anterior, y luego aprender el plan.

Un procedimiento mnemotécnico bien conocido es la "frase clave"; consiste en organizar en una pequeña frase partes de la palabra, partes que entonces sirven como índices de recuperación. Por ejemplo, "mi verdulero tiene manzanas, jengibre, sandías y uvas nunca podridos" permite recordar el orden de los planetas de nuestro sistema solar, "mi = Mercurio, verdulero = Venus, tiene = Tierra, manzanas = Marte, jengibre = Júpiter, sandías = Saturno, uvas = Urano, nunca = Neptuno, podridos = Plutón". Este procedimiento es léxico (y no semántico), puesto que los índices de recuperación son las iniciales de las palabras. Es eficaz porque los nombres de los planetas son ya conocidos y las iniciales pueden recuperar esas palabras ya registradas. En cambio, ciertas frases clave no lo serán para los alumnos que no tienen ya en la memoria las nociones que se deben recuperar. Así, la expresión clave "SorCarToa", donde la "r" reemplaza a la muda "h", no será de ninguna ayuda para los alumnos que no tengan en la memoria las bases de la trigonometría: Seno: opuesto sobre hipotenusa; Coseno: adyacente sobre hipotenusa; Tangente: opuesto sobre adyacente. Los procedimientos mnemotécnicos, pues, son ayudas, pequeños trucos que ayudan a la memoria, pero que no reemplazan a los aprendizajes. Así, algunos charlatanes o mercachifles se desacreditaron concediendo demasiado valor a tales procedimientos.

49. ¿Vale más un esquema que un buen discurso?

Totalmente exacto y debe considerarse que un esquema no es una simple imagen. Diferentes estudios muestran que el esquema corresponde a un plan de recuperación tal como acabamos de describirlo en el capítulo precedente. Un esquema es una organización gráfica de índices para recuperar las informaciones. El mejor ejemplo es el mapa de Geografía. En una experiencia de nuestro laboratorio hicimos pasar a dos grupos de estudiantes un documental sobre las fuentes del Nilo. La búsqueda de las fuentes del Nilo siempre cautivó a los hombres desde la Antigüedad y los propios emperadores romanos enviaron expediciones para resolver este enigma. Esta cuestión permaneció durante mucho tiempo en tinieblas por el hecho de que el Nilo tiene por fuente un complejo laberinto de varios lagos que se unen entre sí mediante diferentes ríos. En un grupo, el reportaje culmina con un mapa que sintetiza dichos lagos y ríos, mientras que para el otro grupo sin esquema se corta el documental antes de la aparición del mapa. El aprendizaje en tres ensayos, seguidos de recuerdos, indica que únicamente el grupo que aprende con un esquema logra deslindar del documental ideas estructuradas y los otros mezclan los lagos y los ríos sin llegar a estructurar dicho laberinto. El esquema, pues, sirve de plan de recuperación poniendo orden en un documento demasiado rico en informaciones. Por consiguiente, hay que valorizar en el aprendizaje de los alumnos la construcción de esquemas, desde el esquema de Biología hasta el mapa de Geografía. Por otra parte, ¿no es la propia Geometría el arte de razonar acertadamente sobre figuras falsas?

50. ¿Cuáles son los trucos para aprender los números?

Periódicamente, algunas propagandas alaban un determinado método para memorizar, sin dificultad y sin ningún don particular, números, el número *pi*, las fechas de los reinados de los cien reyes de Francia, etcétera. Atraído como ustedes –lectores– por ese tipo de publicidades, yo conduje mi pequeña pesquisa[10] que de una cosa a otra, o más bien de un autor a otro, me llevó de la Biblioteca Nacional en París a la del Museo Británico en Londres y de la Biblioteca de Cambridge a la de la Sorbona, donde el gran Descartes gastó sus botas antes de haberse acaso cruzado con mosqueteros en el Barrio Latino. Remontando los siglos, finalmente encontré las huellas de un matemático, contemporáneo precisamente de Descartes, un tal Pierre Hérigone, que, en su *Curso matemático*, editado en 1644, observa que los números son más difíciles de aprender

---

[10] Véase A. Lieury, *Méthodes pour la mémoire: historique et évaluation*, 2ª ed., 1996.

que las palabras y propone un método astuto: transformar cada cifra en una letra, transformando de ese modo los números en palabras. Ese "código cifra-letra", como puede llamárselo en nuestros días, conoció diferentes transformaciones, entre ellas, si salto alegremente los siglos, aquélla imaginada por un profesor de Música en la época de Napoleón III, que se llamaba Aimé Paris; un nombre que podría creerse salido de una opereta de Offenbach si éste no hubiera sido un gurrumín en esa época. Fortalecido por el descubrimiento de la estenografía, basada en la muy nueva clasificación de los sonidos del lenguaje, Aimé Paris propone perfeccionar el código cifra-letra haciendo corresponder cada cifra a un grupo de sonidos consonánticos de la misma familia. Por ejemplo, el 9 corresponde al grupo de las oclusivas ("b", "p"), mientras que el 8 corresponde al de las fricativas ("f" o "v"). A menudo las correspondencias son arbitrarias, pero algunas están basadas en una analogía de forma, por ejemplo "t y 1", que data de la Edad Media, "n", que como tiene dos patas, naturalmente corresponde al 2, "m", al 3, mientras que "l" corresponde al 5 puesto que, desde la Antigüedad romana, la "l" simboliza el número cincuenta.

0	1	2	3	4	5	6	7	8	9
s	t	n	m	r	l	ch	k	f	p
z	d					j	gu	v	b
ç									

El código cifra-letra de Aimé Paris (1825)

Este código ya no fue transformado; se encuentra en esas publicidades de las que hablaba como introducción y se convirtió en la base de numerosas obras de mnemotecnia, arte floreciente en el siglo XIX. La aplicación más sencilla de este código es la memorización de fechas históricas. Por ejemplo, para fechas del siglo XIX basta con codificar las dos últimas cifras, ya que todas comienzan con 18. Como Nobel descubrió la dinamita en 1866, hay que codificar "66" ya sea por las letras "j" o "ch" o ambas: por lo tanto, puedo codificar el número 66 por cualesquiera palabras que posean esas dos consonantes y hacer una frase clave que relacione esa palabra codificada con la invención de la que hablamos. Por ejemplo, "la dinamita era como un *chanchito* para Nobel", o "Nobel inventó algo que volaba como un *chajá*". Así, puede utilizarse este código para aprender muchas fechas, tan variadas como las históricas, de invenciones o de acontecimientos musicales; por ejemplo, como el estreno de *La Belle Hélè-*

ne de Offenbach fue representado en 1864, puede retenérselo con la frase clave *"La Belle Hélène* fue una *charada* de Offenbach"; una precisión importante es que únicamente las consonantes pronunciables están codificadas; así, *"chère"* y *"chères"* codifican ambas el número sesenta y cuatro.* Estos métodos también proponían una lista tipo de palabras clave, codificando todos los números de uno a cien, y permitiendo así aprender un centenar de cifras; por ejemplo, 1 puede ser codificado por "de", 2 por "ni", 13 por "toma", así hasta el número 99, que tanto puede ser codificado por "papá" como por "bebé". Este procedimiento es muy eficaz, como lo mostré con experiencias, pero no infalible, como las propagandas tienden a sugerirlo. Por lo demás, requiere un entrenamiento importante y regular que no es muy necesario en nuestra época de agendas y calculadoras de bolsillo.

En el siglo XIX era diferente, y algunos hicieron de este juego una profesión, como mnemotécnicos de *music-hall*, repitiendo series de cifras dadas por los espectadores. Supongo que este código cifra-letra, por otra parte, es la explica-

---

* Obviamente en francés. La frase clave del ejemplo citado es *La Belle Hélène était* chère *à Offenbach*, que en realidad es mejor que la traducida, que tiene una consonante de más, la "d". (N. del T.)

ción de los espectáculos de telepatía ofrecidos por los magos, entre ellos los famosos Mir y Miroska. Este número, que Hergé hizo famoso en *Las siete bolas de cristal*,* ponía en escena a una médium vestida como una hindú, que adivinaba los números de los documentos de identidad de espectadores elegidos al azar. Es probable que en las palabras, muy rápidas, del mago que tenía en la mano el documento se encontraran palabras clave, que codificaban la fecha de nacimiento o el número del documento en cuestión. Por ejemplo, "Meta reto, la Pancha lima" codifica las diez primeras cifras del número *pi*. Señora Miroska, ¿me está recibiendo?

---

* Una de las historietas de *Tintín*. (N. del T.)

¿Qué más leer?

Obras generales de acceso sencillo sobre la memoria:
> A. LIEURY, *La mémoire, du cerveau à l'école*, Flammarion, "Domino", 1993.
>
> A. LIEURY, *Mémoire et réussite scolaire*, 3ª ed., Dunod, 1997. Edición en español: *Memoria y éxito escolar*, Fondo de Cultura Económica, de próxima aparición.

Obras más documentadas:
> G. CHAPOUTHIER, *La biologie de la mémoire*, PUF, "Que sais-je?", 1994.
>
> A. LIEURY, *Méthodes pour la mémoire: historique et évaluation*, Dunod, 1992.
>
> F. YATES, *L'art de la mémoire*, Gallimard, 1975.
>
> F. YATES, *La recherche*, "La mémoire", número especial, 1994.

Para aquellos a quienes les gustan los desarrollos técnicos y muchas experiencias que justifiquen las teorías:
> A. BADDELEY, *La mémoire humaine: théorie et pratique*, Presses Universitaires de Grenoble, 1993.
>
> A. LIEURY, *La mémoire: résultats et théories*, 4ª ed., Mardaga, 1992.

Más particularmente acerca de las imágenes:
> M. DENIS, *Image et cognition*, Presses Universitaires de France, 1989.

Acerca de los desfallecimientos de los recuerdos:
> N. AURIAT, *Les défaillances de la mémoire humaine*, INED-PUF, 1996.
> E. LOFTUS, "Les faux souvenirs", *Pour la science*, diciembre de 1997, p. 34.
> E. LOFTUS y K. KETCHAM, *Le syndrome des faux souvenirs*, Ediciones Exergue, 1997.

Y por último, acerca de la motivación y la memoria:
> A. LIEURY y F. FENOUILLET, *Motivation et réussite scolaire*, Dunod, 1996.

Índice

Introducción	7
1. ¿De dónde viene la palabra "memoria"?	11
2. ¿De cuándo data el primer método 13 de la memoria?	13
3. ¿Qué se pensaba antiguamente de la memoria?	17
4. ¿Cómo se estudia la memoria?	21
5. ¿Siempre son verídicos los recuerdos?	23
6. ¿La memoria de los niños es la mejor?	27
7. ¿A cuándo se remontan los primeros recuerdos?	31
8. ¿Es cierto que los primeros recuerdos están ligados a las emociones?	35
9. ¿Se retienen mejor las cosas que nos gustan?	39
10. ¿Es cierto que saber andar en bicicleta no se olvida jamás?	41
11. ¿Es cierto que se aprende mejor durmiendo?	43
12. ¿Hay sustancias nefastas para la memoria?	45
13. ¿Existen medicamentos para mejorar la memoria?	49
14. ¿Es bueno el estrés para la memoria?	53
15. ¿La memoria es la facultad de los imbéciles?	55

16. ¿Cuál es la diferencia entre memoria
    e inteligencia? 59
17. ¿Existe la memoria fotográfica? 61
18. ¿Los alumnos tienen una memoria visual
    o auditiva? 67
19. ¿Cómo se explica la "palabra en la
    punta de la lengua"? 71
20. ¿Qué memoria es mejor, la de las
    palabras o la de las ideas? 75
21. ¿Se aprende mejor leyendo o escuchando? 77
22. ¿Se debe comprender o aprender
    de memoria? 81
23. ¿Es útil la repetición? 85
24. ¿Es malo vocalizar al aprender? 87
25. ¿Se puede aprender escuchando música
    o el sonido de la televisión? 91
26. ¿Las imágenes ayudan a la memoria? 95
27. ¿Los niños aprenden mejor a través
    de imágenes? 99
28. ¿Por qué la imagen es eficaz? 103
29. ¿Las ilustraciones de un manual ayudan
    al aprendizaje? 105
30. ¿Es mejor la televisión que la lectura? 107
31. ¿Las imágenes humorísticas facilitan
    el aprendizaje? 111
32. ¿La memoria es elástica? 113
33. ¿Para qué sirve la memoria de corto plazo? ... 119
34. ¿Cómo se aprende? 121
35. ¿Cómo aprender nombres propios o palabras
    extranjeras? 125

36. ¿Hay que aprender "de memoria"? 129
37. ¿La memoria está ordenada como
    una biblioteca? 135
38. ¿De dónde vienen los lapsus? 139
39. ¿Cuál es la capacidad de la memoria
    de largo plazo? 143
40. ¿La memoria puede ser sobrecargada? 145
41. ¿Cuál es el secreto de las memorias
    prodigiosas? 147
42. ¿Puede uno fiarse de su memoria? 151
43. ¿Cómo explicar el olvido? 153
44. ¿Por qué las cosas se recuerdan al volver
    a mirar los apuntes de clase? 161
45. ¿Cómo se explica la impresión de
    "agujero negro" antes del examen? 163
46. ¿De dónde viene la "sensación de conocer"? ... 165
47. ¿Cuáles son los métodos buenos para
    aprender? 167
48. ¿Los procedimientos mnemotécnicos
    son eficaces? 171
49. ¿Vale más un esquema que un buen discurso? .. 175
50. ¿Cuáles son los trucos para aprender
    los números? 177

¿Qué más leer? 183

Se terminó de imprimir
en el mes de febrero de 2000
en los talleres de Nuevo Offset,
Viel 1444, Buenos Aires, Argentina.
Se tiraron 2.000 ejemplares.

De la misma serie